本书系全国教育科学"十二五"规划2012年度国家重点课题"中小学理科教材国际比较研究"(课题批准号：AHA120008)研究成果

"十二五"国家重点图书出版规划项目
中小学理科教材难度国际比较研究丛书

丛书主编　袁振国

中小学理科教材难度国际比较研究

刘恩山　等　著

高中生物卷

BIOLOGY

教育科学出版社
·北京·

出 版 人　李　东
责任编辑　何　艺
版式设计　宗沅书装　孙欢欢
责任校对　刘　婧
责任印制　叶小峰

图书在版编目（CIP）数据

中小学理科教材难度国际比较研究. 高中生物卷／刘恩山等著. —北京：教育科学出版社，2016.12
（中小学理科教材难度国际比较研究丛书／袁振国主编）
ISBN 978-7-5191-0753-6

Ⅰ.①中… Ⅱ.①刘… Ⅲ.①生物课—教材—对比研究—高中—世界　Ⅳ.①G633

中国版本图书馆CIP数据核字（2016）第222877号

中小学理科教材难度国际比较研究丛书
中小学理科教材难度国际比较研究（高中生物卷）
ZHONGXIAOXUE LIKE JIAOCAI NANDU GUOJI BIJIAO YANJIU（GAOZHONG SHENGWU JUAN）

出版发行	教育科学出版社	
社　　址　北京·朝阳区安慧北里安园甲9号	市场部电话　010-64989009
邮　　编　100101	编辑部电话　010-64989421
传　　真　010-64891796	网　　址　http://www.esph.com.cn
经　　销　各地新华书店	
制　　作　北京大有艺彩图文设计有限公司	
印　　刷　保定市中画美凯印刷有限公司	
开　　本　169毫米×239毫米　16开	版　　次　2016年12月第1版
印　　张　11.75	印　　次　2016年12月第1次印刷
字　　数　134千	定　　价　25.00元

如有印装质量问题，请到所购图书销售部门联系调换。

丛书总序

一、缘起

2008年8月29日,中央决定启动《国家中长期教育改革和发展规划纲要(2010—2020年)》(以下简称《教育规划纲要》)的研制工作,我很荣幸地参与了《教育规划纲要》调研起草的全过程。在征求意见的过程中,减轻学生课业负担的呼声一直很高,同时,很多家长、社会人士,包括著名学者、两院院士都认为,减轻学生课业负担需适当降低教材难度,"适当降低教材难度"一度写进了《教育规划纲要》文本。但是,这一判断并没有科学研究的依据。从全世界科技发展的进程和课程教材改革的历史来看,教材的内容越来越丰富,新的知识和方法不断被补充到教材中来。如果比较笼统地做一个判断的话,中小学教材总的说来不是越来越易,而是越来越难,在国际竞争日益加剧的背景下降低教材难度具有很大的风险。

中小学教材的难易在一定程度上代表了一个国家教育发展的水平。教材的难易不仅决定着学生掌握知识的程度,而且关系到人才培养目标和民族的整体素质。世界上很多有影响的教育改革都聚焦课程教材的改革,教材难度的调整常常是课程教材改革的重要内容。1958年,美国为了应对苏联成功发射人造卫星的挑战,颁布了著名的《国防教育法》,强调"新三艺",就是以提高教材难度而著称的。

学生课业负担过重与教材难度到底有没有关系?如果我们在没有进行认真研究的情况下就把大中小学教材的难度降下来,10年、20年以后发现是一个错误选择的话,后果就太严重了。这一疑虑得到了领导和同事们的认同。因此,关于这个问题,《教育规划纲要》的文本是这样表述的:"调整教材内容，科学设计课程难度"。这既积极回应了社会的关切，又保持了审慎的态度，为今后开展专题研究提供了空间，留下了伏笔。

二、过程

教材难度研究非常复杂，涉及很多因素，不仅与教材的客观难度有关，也与教师的素质、教学的要求、教学的时间以及学生的能力和用功程度等因素有关。研究过程中不断有人提出，仅研究教材的难度意义不大，要把教材、教学、教师、课程综合起来研究，才能提出系统改进我国教育的意见。这一观点乍一听起来很有道理，但如果真的这么做了，大概就不可能有今天的研究成果了。因为将无数个复杂因素堆积在一起，这一研究就不可避免地会变成无数凭主观发表评论的研究中的一个，成为没有任何确切结论的自娱自乐。中国教育太需要板上钉钉的、数据确凿的研究了。为了保证客观性和可靠性，研究经历了一个不断聚焦核心问题的过程。

要正面回答教材难不难的问题，有两条可以选择的途径。一是测量出人在不同年龄阶段的接受能力和学习潜力，同时确定学习不同难度的知识所需要的智力程度，根据人的学习能力和潜力判定教材的难易程度。但是我们都知道这在目前的科学研究水平上是做不到的，况且人和人还存在很大差异。另一个相对可行的办法则是通过国际比较，确定我国教材在国际上的相对难易程度，由此做出政策性的判断。为此，《教育规划纲要》颁布后不久，全国教育科学规划领导小组办公室就启动了"中小学理科教材国际比较研究"这一课题，得到全国哲学社会科学规划办公室的大力支持和全国相关高校的积极响应。通过招标竞标，华东师范大学、北京师范大学、东北师范大学、西南大学、陕西师范大学、华中师范大学6所大学的13个团队承担了6个学科不同学段的子课题，各子课题组的组长分别是：

数学：小学——宋乃庆（西南大学），初中——曹一鸣（北京师范大学），高中——史宁中（东北师范大学）。

物理：初中——李春密（北京师范大学），高中——廖伯琴（西南大学）。

化学：初中——王祖浩（华东师范大学），高中——周青（陕西师范大学）。

生物：初中——陆建身（华东师范大学），高中——刘恩山（北京师范大学）。

地理：初中——段玉山（华东师范大学），高中——王民（北京师范大学）。

科学：小学——胡卫平（陕西师范大学），初中——崔鸿（华中师范大学）。

课题组的全体成员精诚协作，总分结合，有步骤地收集和翻译教材、制定研究框架、研讨规范标准、确定方法原则、统计分析数据、调查验证结论、合成研究成果，举行了上百次的大中小型研讨会。很多课题组还利用出国交流或邀请外国专家访问的机会与外国同行进行了切磋研讨。课题组紧张有序，出色地完成了研究任务。

三、方法

通过反复讨论，课题组确定了以下4个原则。第一，此次教材比较研究限定于理科，这样可以排除历史文化因素和意识形态的影响。研究涵盖了基础教育的所有6个理科学科：数学、物理、化学、生物、地理、科学。第二，研究涵盖3个学段——小学、初中、高中，以便了解不同学段教材难度可能存在的差异。第三，仅就教材的文本进行比较，虽然各国在使用教材的过程中对教材的依赖程度不同，但它毕竟是一个基本依据。教材选取的原则是使用范围广，使用时间长，得到政府部门或专业委员会的认可。第四，研究选取了10个国家进行比较，包含中国、澳大利亚、日本、韩国、新加坡、德国、法国、俄罗斯、英国和美国，涉及7种语言，工作量之大、工作之难，可想而知。

研究从广度和深度两个维度着手，综合判断教材难度。用 N 表示知识的难度，G 表示知识的广度，S 表示知识的深度，α_1、α_2 分别表示知识广度、深度的权重。在此基础上，提出了刻画教材难度的模型，这个模型是广度和深

度两个要素的加权平均,即

$$N = \alpha_1 \cdot G + \alpha_2 \cdot S$$

在调查研究的基础上,各学科确定模型中的参数值 α,一般广度为 0.40,深度为 0.60,难度值在 0—1 之间,0 为最易,1 为最难(部分学科如生物则采用了乘法模型 $N = G \times S$)。

教材的广度研究参考美国各州首席教育官员委员会(Council of Chief State School Officers,CCSSO,2004)提出的课程实施调查(Surveys of Enacted Curriculum,SEC)。SEC 将教材所涉及的知识结构与知识点整理成若干主题。实验、例题、习题根据它们隶属的知识点,也采取同样的方法进行分析。以物理为例,有"力与运动""电""波""动力学和平衡""能""物性"6个一级主题,每个主题下包括若干个二级主题,如表1所示。

表 1 物理教材的知识结构

一级主题	二级主题	一级主题	二级主题
力与运动	矢量和标量	力与运动	动量、冲量和守恒
	位移		平衡
	速度		摩擦力
	相对位置和速度		万有引力
	加速度		弹力
	力	电	静电学
	牛顿第一定律		库仑定律
	牛顿第二定律		电场
	牛顿第三定律		电学

续表

一级主题	二级主题	一级主题	二级主题
电	电流、电压、电阻	能	势能
	串联、并联电路		动能
	磁学		质能守恒
	场的相互作用		内能及热传递
	导体和绝缘体		光能
	其他		声能
波	特性和作用		热力学定律和熵
	可见光		功和能
	不可见光/电磁波谱		机械能和机械
	声音		能源
	地震、海啸、海浪	物性	特性及构成
	信息的传递		物态
动力学和平衡	分子运动		物理变化
	压强和浮力		物理特性
	动力学和温度		光子和光谱
	平衡		原子学说
	反应速度		量子论和电子云
	其他		其他

再以化学为例，有"物质结构与性质""元素及其化合物""化学反应原理""有机化合物""化学计量""化学实验"6个二级主题，二级主题继续分解为三级主题、知识团、知识点和微观内容。以"元素及其化合物"为例，教材的知识结构如图1所示。

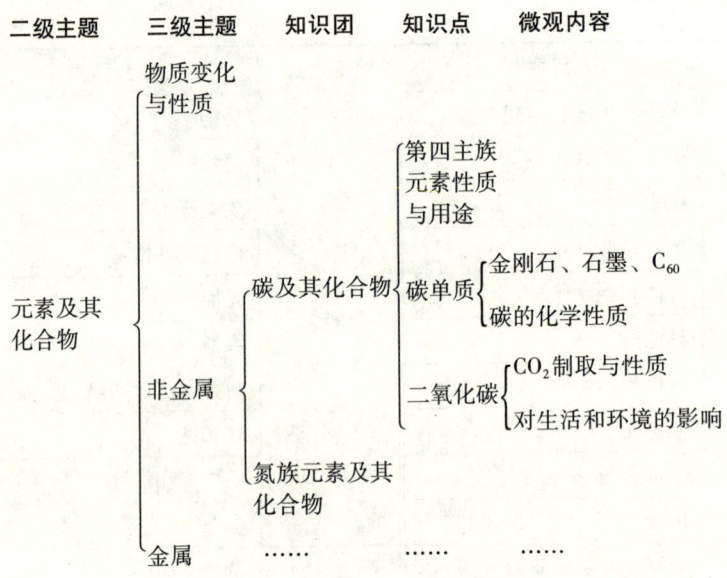

图1 化学教材的知识结构示例

教材深度的测定是在广度分析的基础上,分别对知识点、例题、习题、实验,根据其内容的特点进行深度赋值。

首先是知识点深度水平的划分。SEC把知识点深度分为5个水平,分别是记忆、操作、理解、分析和应用。我们进行了简化,分为了解、理解、应用3个水平,相应的教材知识点深度从低到高分别赋值为1、2、3,如表2所示。

表2 知识点深度水平界定

水平	各水平的含义	教材的表征方式
了解	通过阅读教材,能背诵基础科学事实;回忆科学术语和定义;回忆科学公式;识别、辨认事实或证据;举出例子;描述对象的基本特征	定义、意义、单位、单位换算、符号、公式、原理、规律、结论、基础性的材料、描述性例子、分析性例子、图片例子、仪器的介绍、拓展资料

续表

水平	各水平的含义	教材的表征方式
理解	通过阅读教材,能解释概念;解释教师演示的内容;说明科学探究的过程和方法;利用图表记录和整理数据	例题、演示实验、公式推导、探究实验、概念的总结、规律的得出、对现象的解释(包括生活现象)
应用	通过阅读教材,能在新的情境中使用抽象的概念、原则;进行总结、推广;建立不同情境下的合理联系;对实验进行评估等	运用知识解决综合性的问题、设计制作

教材的难度分析综合广度分析和深度分析的思路框架,如图2所示。

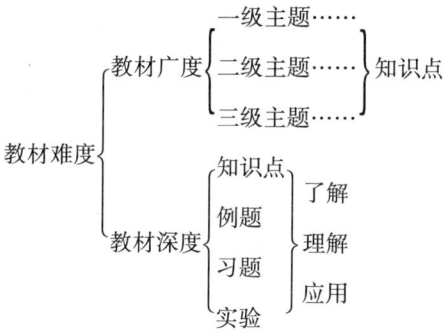

图2　教材难度分析的思路框架

四、发现

通过2011年2月至2014年5月历时3年多、集中了150多位研究人员的研究,把教材最难的国家计10分,最容易的计1分,把6科教材各个学段的积分相加,再除以13发现,在10个国家中,中小学理科教材最难的是俄罗斯,以下依次为:美国、澳大利亚、德国、中国、新加坡、韩国、日本、法国、英国。我国中小学理科教材难度在10个国家中属中等水平,在6个学科上大都排在第4—6名,但10个国家的教材难度排名在6个学科上存在明显差异。

数学教材：俄罗斯最难，其次是美国和中国，英国最容易。

物理教材：美国最难，中国第5，法国和韩国最容易。

化学教材：俄罗斯最难，美国第3，中国第5，韩国最容易。

生物教材：澳大利亚和德国最难，美国第4，中国第7，日本和法国最容易。

地理教材：澳大利亚和俄罗斯最难，中国第4，美国和中国接近，日本最容易。

科学教材：美国最难，中国第6，德国和俄罗斯最容易。

从总体上看，我国教材难度处于世界中等水平，但在广度、深度和不同知识主题的难度上表现出不同特征。有的学科教材容量不大，更重内容深度，表现出"窄而深"的取向，如物理学科；有的学科教材覆盖面宽，知识点多，但内容较浅，表现出"大而宽""浅而散"的倾向，如化学学科。在不同学段和具体内容方面，我国教材难度也有所不同。如小学数学教材难度比较适中，初高中数学教材偏难；小学数学教材内容略少，初高中数学教材内容偏多；小学、初中数学教材习题偏难，高中数学教材习题偏易；初高中物理教材实验难度大，知识和习题偏易；初高中化学教材内容偏多，知识和实验偏易。

既然我国中小学理科教材难度在世界上处于中等水平，为什么人们会认为学生课业负担特别重呢？13个研究团队基于对我国中小学教学长期的观察、调研发现：我国学生课业负担过重主要是课外加码和教不得法所致。在对教材难度进行国际比较研究的同时，课题组还对中小学各学科的实际教学情况进行了调查和分析，发现我国中小学的实际教学难度比教材难度平均高出50%—100%，同时又布置大量作业，重复练习问题严重，占用了学生大量课余时间，而且给学生造成了很大的心理压力。

五、启示

本课题揭示了我国学生课业负担过重并非由教材难度过高所致的事

实,同时对我国教材编写内容与形式的改进也有很多启发。从教材编写理念看,我们还基本停留于老师讲、学生听的模式,即注重概念、定义、例题、练习的讲解,内容缺乏问题性、探索性和创造性,更缺少从学生出发、以学生发展为导向的编写思想。我国教材编写的改革还有很大空间。

(一) 加强课程标准与教材的系统设计,注重不同学段的有效衔接

国际比较发现,我国中小学课程标准和教材编写缺少学段间的整体规划,缺乏不同学段之间的有效衔接,学科知识的系统性体现不够。有的学科课程标准没有一体化设计,在一标多本的教材编写模式之下,不同学段教材编写团队各自独立,未能通盘考虑。我国教材编写需要加强教学内容和目标层级的整体设计,对能力培养和态度形成进行系统安排,帮助学生对学科形成整体认识,完善教材学科知识的系统性、过程性和衔接性。

(二) 变革教材呈现方式,增强趣味性

我国教材的编写基本遵循"老师讲、学生听"的教学方式的要求,不利于自主学习、合作学习和师生互动。国外教材普遍比较重视栏目设计、版式设计、语言表达、插图编排以及内容组织的多样性,同时注重趣味性,教材的编写意图和教学思想也非常清楚,有利于激发学生学习兴趣,易于教师把握和处理教材。建议我国教材中增加实物图、示意图、模型图、概念图、表格等形象、直观、生动的素材,运用类比、模拟等方法,增强教材的吸引力。

(三) 优化教材结构,加强知识类型的均衡选择

国外教材重视科学性与逻辑性,多从问题入手,强调知识的整体构建。教材编写能考虑学生认知特点,突出同一概念或同一主题内容在不同年级的逐步深入,重视知识编排的递进性。我国教材在编写时需更加注意按照不同年级学生的认知特点和知识基础,螺旋式设计知识目标、能力目标、态度目标及其教学安排。针对教材中不同类的知识或主题难度不够均衡的问题,需要改进设计。比如,加强信息技术在数学学习中的作用;物理教材要适当增加教材的广度,降低教材的深度,实验内容的设计应更加科学;化学教材应

适当减少偏离核心概念的知识点数量，收缩知识的覆盖面，优化实验和习题，强化学生思维训练等。

（四）加强国情和本土文化的渗透，融合价值观教育

教材的本土文化渗透是指将本国地理、历史、艺术、文化、科技等渗透到教材中，以培养学生爱祖国、爱家乡的情感和社会责任感。国外很多教材都特别重视文化渗透。如物理教材普遍注重科学-技术-社会观念的渗透；新加坡科学教材专门开辟了"国民教育"栏目；美国、法国、德国等国的教材频繁出现与科学有关的人物、艺术作品赏析；等等。相比其他国家，我国教材的文化渗透较少，不利于培养学生的科学人文素养和社会责任感。建议我国教材编写加强文化渗透，帮助学生形成正确的价值观。

（五）注重与生活实际的联系，培养学生解决实践问题的能力

国外教材非常重视与现实生活及其他学科之间的联系，重视培养学生解决实践问题的能力。比如，数学习题常常涉及文化、商业、家庭理财等方面的生活实际问题，突出知识的运用。建议我国教材增加应用性知识的比重，拓展与学生生活相联系的内容，习题更多以实际生活为背景，以培养学生解决实践问题的能力。

六、成效

如此大规模、多学科、跨部门的实证研究在中国是罕见的，在国际上也是少有的。本课题在取得了大量数据和重要发现的同时，对国家课程教材政策、学术规范和学术队伍建设、社会认知和国际学术研究均产生了重大影响。

（一）为国家课程标准修订和教材编写提供了科学支撑

长期以来，要求降低我国中小学教材难度的声音始终存在，制定基础教育课程标准和编写教材的专家学者中也有相当一部分人持这种主张并直接影响到对课程标准的修订。本课题取得阶段性成果后，袁贵仁部长在研究报告上做了长篇批示。2014年5月6日，在教育部基础教育二司指导下，课题组

举行了大型课题成果报告会,来自全国各地的课程标准制定委员会专家、教育科学与教学研究专家 300 多人出席了成果报告会。清华大学谢维和副校长、教育部基础教育课程教材发展中心田慧生主任、上海市教委尹后庆副主任、人民教育出版社韦志榕总编辑从不同角度对研究成果的价值、意义和影响做了高度评价。本课题对我国新一轮课程标准的修订产生了直接影响,为今后教材的改进提供了科学支撑。

(二) 有力促进了教材研究的学术规范和学术队伍建设

课程教材研究是国际教育历久弥新的研究领域,在我国,其研究成果和研究队伍也占到总量的 30% 以上。本课题在研究的初期和中期用了大量的时间与精力讨论研究的标准、程序及方法,形成了统一的研究思路、标准和方法,为保证研究的质量和得出科学的结论奠定了方法论基础。同时,本课题带动了 6 所部属师范大学的学科教学论队伍建设和人才培养工作。据不完全统计,以本课题为依托完成的博士论文就有十多篇,公开发表论文数十篇。本课题还促进了 6 所大学学科教学论的学术交流,提供了协同创新的成功案例。

(三) 对形成正确的社会舆论导向发挥了重要作用

课题报告发布之后,各大媒体进行了广泛报道,中央电视台、中国教育电视台、北京电视台、东方卫视等进行了专题报道;《光明日报》《文汇报》《中国教育报》均以大篇幅进行了专题报道,特别是《光明日报》两次以整版面进行了报道,进行了专题报道的报纸杂志累计近百家;新华网、人民网、中国网、新浪网、搜狐网、凤凰网等 300 余家网络媒体转载报道。这不仅增进了人们对学生课业负担过重原因的正确认知,增进了人们对教育科学研究重要性的认知,而且增进了人们对深化教育改革、支持教育改革的认知。

(四) 极大地改善了我国教育研究在国际上的学术形象

在研究过程中,很多课题组成员与外国学者,包括美国、德国、日本、澳大利亚的学者进行过交流,或者在国外做过演讲。外国学者在听说了本研究的规模和方法后,无不表现出惊讶和敬佩,坦承组织和开展如此规模的研究在他们国家是难以想象的。

  以本人的经历为例。2014年10月22日上午,应美国大城市教育局局长联席会议(Joint Conference of Directors of Education Bureau in American Metropolis)和联合国教科文组织国际教育发展部华盛顿分部邀请,本人在乔治·华盛顿大学做了题为"中小学理科教材难度的国际比较研究"的专题演讲,演讲历时一个半小时,进行了30分钟的提问交流。美国教育部官员、知名大学学者和智库人员、市郡教育局局长、资深媒体人员和专栏作家100多人出席了会议。乔治·华盛顿大学教育与人类发展学院院长、国家教育学术委员会会长福伊尔(Michael J. Feuer)教授在报告前做了热情洋溢的致辞。会议由霍普金斯大学中国事务与全球战略合作办公室主任罗斯(M. Ross)教授主持。

  大会特邀评论员托尔尼-普塔(Judith Torney-Purta)教授(马里兰大学人类发展与定量分析学荣誉教授,她对"年青人的公民与社会参与"课题有50年的跨国界的深入研究,曾经荣获2009年美国心理学会颁发的国际心理发展奖,并当选为国家教育学术委员会委员)、威廉斯(James H. Williams)教授(乔治·华盛顿大学国际教育与国际事务学院教授,拥有哈佛大学博士学位,著作超过40部,并为联合国儿童基金会的多个项目提供过咨询)对演讲给予了高度评价。托尔尼-普塔教授在评论中说:袁教授的报告令人惊奇,大量的数据揭示了很多我们完全无法猜测的结论,对美国课程和教材政策有深刻启发,使我们对中国学者的教育研究充满敬意。这些数据潜在的意义还有很多,(我)期待着袁教授在报告中所展示的更大的研究前景。威廉斯教授在评论中说:袁教授领导的团队研究是巨大的、惊人的,在美国组织这样的研究是难以想象的,它使我们看到了教育国际标准研究的新趋势。我们期待有更多这样的报告会。

七、深化

  基于事实和证据的实证研究是科学研究的基础,但课程和教材不仅是科学问题，而且是历史和人文的问题。随着研究的深入，这一研究需要从事实研究向价值研究拓展，不仅关心教材的难度，而且关心教材的质量，不仅关心"难不难"，而且要关心"好不好"。

目前的研究是从各国正在使用的教材入手进行的比较研究，是一种共时性研究，但教材改进是一个历史发展过程，并且会继续发展。我们的研究要面向未来，就要拓展到历时性研究，特别是教材内容与科学技术发展的关系、教材编写与现实生活中知识应用的关系、教材呈现与创新能力培养的关系以及多个学科知识综合运用的要求。确实，教材编写与教材的使用有很大的差别，在教材实际使用过程中，教学理念、教学方法、师生关系都极大地影响着教材的使用效果，这些都有待系统化的深入探讨。希望我们的研究成为教材研究和学科教学研究的新起点，能够激发更多更好的研究，为科学、高效和创造性的课程与教材建设做出更大贡献！

袁振国

课题组组长，华东师范大学终身教授

2015 年 10 月 20 日

目 录

绪 论 / 001

- 第一章　中小学教材难度国际比较研究的背景 / 013

- 第二章　高中生物学教材难度比较 / 039

　　第一节　高中生物学教材的广度 / 041

　　第二节　高中生物学教材的深度 / 044

　　第三节　高中生物学教材的难度 / 048

- 第三章　各国高中生物学教材难度分析 / 053

　　第一节　澳大利亚高中生物学教材难度分析 / 055

　　第二节　中国高中生物学教材难度分析 / 069

　　第三节　德国高中生物学教材难度分析 / 075

　　第四节　法国高中生物学教材难度分析 / 082

　　第五节　英国高中生物学教材难度分析 / 091

　　第六节　日本高中生物学教材难度分析 / 100

　　第七节　韩国高中生物学教材难度分析 / 108

　　第八节　俄罗斯高中生物学教材难度分析 / 120

第九节　新加坡高中生物学教材难度分析 / 125

第十节　美国高中生物学教材难度分析 / 136

- **第四章　各国高中生物学教材特点分析及对中国教材改革的建议 / 149**

    第一节　各国高中生物学教材特点分析 / 151

    第二节　对中国高中生物学教材改革的建议 / 157

参考文献 / 161

索　引 / 167

后　记 / 172

BIOLOGY

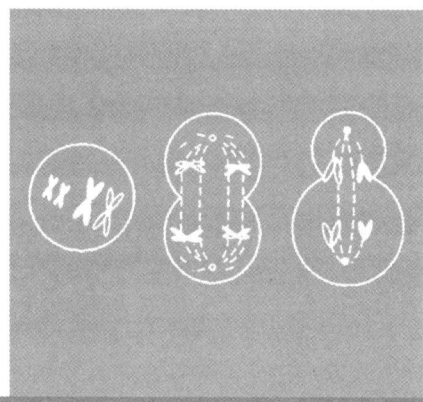

绪论

一、研究意义

国际科学教育在过去一个多世纪的时间里取得了长足的进展。在课程资源的开发方面，各个国家纷纷研发了大量的教材，教科书就是其中的一个重要组成部分。教科书是课程目标、课程内容的主要载体，是师生进行教学活动的凭借（孔凡哲，史宁中，2007）。在教学中，绝大部分教师以教科书作为主要的课程资源（Chiang-Soong, Yager, 1993）。在教学效果的影响因素中，教科书是仅次于教师的知识、教学经历和教学理念的第二大影响因素（Weiss, Pasley, Smith et al., 2003）。由于学生在学习科学时基本上都是"新手"，因此，教科书中相应的内容主题应该以一种"连贯完整的故事"的形式呈现出来（Roseman, Stern, Koppal, 2010），其文本质量、难度水平和使用实效等都会直接影响课程的整体水平和学生的学习效果。

中国于 2000 年启动了第八次基础教育课程改革，教育部印发了《基础教育课程改革纲要（试行）》，其中明确提出要实现教材的多样化，改革中小学教材指定出版的方式和单一渠道发行的体制，鼓励有关机构、出版部门等依据国家课程标准组织编写中小学教材，彻底打破了长期以来中国教科书"一标一本"的局面（中华人民共和国教育部，2001）。

随着教科书的多元化发展，关于教科书的研究也成为科学教育的关注点之一。这方面的研究大致可以归纳为"动态研究"和"静态研究"两类，其中，动态研究是指包括教科书使用情况的跟踪调查研究、教科书对学生学习效果的影响研究等，而静态研究则主要是对教科书进行文本分析（科学史主题、科学素养主题、科学探究主题、难度等）。

对于中学生物学科，各个国家分别研发了适合本国的中学生物学教科书。那么这些教科书在内容难度方面是否存在差异？中国中学生物学教科书的难度水平如何，内容容量是否合适，内容深度是否恰当？本研究旨在通过国际比较来回答这些问题，从而为中国中学生物学教科书的编写与修订工作提供参考和依据。

二、研究对象

本研究选取澳大利亚、德国、俄罗斯、法国、韩国、美国、日本、新加坡、英国、中国共 10 个国家的高中生物学教科书作为分析对象，各版本教科书的基本信息如表 0-1 所示。

表 0-1　各国高中生物学教科书基本信息

国家	教科书名称	出版单位	出版年	简称
澳大利亚	《生物》(Heinemann Biology)	培生教育出版集团（Pearson Education）	2012	澳大利亚教材
德国	《林德生物学》（Linder Biologie）	施罗德尔出版社（Schroedel）	2010	德国教材
法国	《生命与地球科学》（Sciences de la vie et de la Terre）	纳唐出版社（Nathan）（前两册）、博达斯出版社（Bordas）（第三册）	2011	法国教材
英国	《二十一世纪科学》（Twenty First Century Science）	牛津大学出版社（Oxford University Press）	2011	英国教材
日本	《生物》(生物)	东京书籍出版社（東京書籍株式会社）	2007	日本教材
韩国	《生命科学》(생명과학)	紧急教育株式会社（비상교육출판사）	2012	韩国教材
俄罗斯	《生物学（10—11 年级）》（Биология10-11КЛАССЫ）	教育出版社（Издательство просвещение）	2010	俄罗斯教材
新加坡	《A 水平新认知生物学》（New Understanding Biology for Advanced Level）	托马斯·尼尔森公司（Thomas Nelson Ltd.）	1999	新加坡教材
美国	《生物科学》（BSCS Biology）	肯德尔/亨特出版社（Kendall/Hunt publishing company）	2006	美国教材
中国	《生物》	人民教育出版社	2007	中国教材

这些教科书均是在本国国内获得专家或教育研究人员推荐、经过长时间实践检验的主流教科书版本，课题组将其作为各教育发达国家高中生物学教

科书的代表用于此次比较研究。例如，澳大利亚的高中生物学教科书《生物》是经澳大利亚维多利亚省教育证书（Victoria Certificate of Education，简称VCE）认证并授权至2014年的教科书，同时也被用于支持VCE 2005年的生物学研究设计。其内容与研究设计高度匹配，并将最新的生物学发展与应用融入澳大利亚本土环境，包含了遗传学、免疫学和分类学等方面的最新进展。法国拥有世界上最大的国际教科书数据库，其教科书除供本国中小学使用外，还供瑞士、卢森堡和比利时等国家使用。由纳唐出版社和博达斯出版社出版的高中《生命与地球科学》教科书（简称SVT）是由法国科学院研究人员推荐的法国最经典的教科书版本，用以支持生物学和地理学的教学。美国高中生物学教科书《生物科学》是20世纪60年代由美国生物科学课程研究中心（Biological Sciences Curriculum Study，简称BSCS）组织高水平的教科书编写团队编写而成的。编写团队不断将最新的研究成果融入教科书中，持续地进行教科书的开发工作，使得这套教科书成为美国乃至全世界高质量生物学教科书的典范。

三、研究方法

本研究采用教科书文本内容分析法，以定量数据反映教科书的概念组成，通过比较分析，揭示中国高中生物学教科书在概念组成层面的难度与教育发达国家同类教科书之间的差异。

（一）教科书难度计算公式

影响课程难度的基本要素至少有三个：课程深度、课程广度和课程时间（史宁中，孔凡哲，李淑文，2005）。在本研究中，由于无法获取不同国家高中生物学课程的课时计划，因此仅从教科书内容的"广度"和"深度"两个维度进行教科书难度的静态比较研究，并不涉及课程实施状态下的教科书使用问题、教师和学生等众多复杂的因素。

在本研究中，教科书难度的计算公式为：$N=G\times S$。

其中，N 表示教科书的难度值；G 表示教科书的总广度值，即生物概念的总数；S 表示教科书的平均深度值，即达到幼儿园、小学、初中、高中、大学这五个不同认知水平的生物学核心概念的深度值的加权平均值。N、G 和 S 仅仅代表数值，并无量纲。

（二）教科书广度分析工具

1. 教科书广度分析工具的构建

教科书广度是指教科书中的概念所涉及的范围和领域的广泛程度（孔凡哲，史宁中，2006）。概念通常包括三个要素：概念术语（也称概念名词）、概念的内涵及概念的外延（刘恩山，2011a）。概念术语是对概念的指代，本研究将教科书中的概念术语（以下简称概念）数量作为教科书的广度值（G），用以衡量教科书内容广度的大小。

计划课程调查（Survey of Enacted Curriculum，简称 SEC）工具是波特（A. Porter）等人于 2001 年构建的。该工具被用来对课程标准、课堂教学与学业评价等教育要素进行两两之间的一致性比较（Porter，Smithson，2001）。SEC 以课程标准等文献为基础，细致地构建了各个学科的内容领域。本研究利用 SEC 工具中的《中小学科学主题列表》（K-12 Science Topic List）进一步补充生物学各领域的概念，并按照其从属关系整理出不同层级的条目，构建广度分析工具，用以对概念进行量化统计。

教科书广度分析工具共包含 8 个一级主题、52 个二级主题，每个二级主题又包含若干个概念（共 947 个）。其基本组成情况如表 0-2 所示。

表 0-2　高中生物学教科书广度分析工具

一级主题	代码	二级主题（个）
生命系统的组成	100	11
植物学	200	4
人体与动物生理学	300	9
遗传学	400	7
进化	500	8

续表

一级主题	代码	二级主题（个）
生殖	600	6
生态学	700	7
实验及生物技术	800	0

该分析工具的结构可用图 0-1 表示。

高中生物学教科书广度分析工具

国　　家：＿＿＿＿＿＿　　教科书名称：＿＿＿＿＿＿　　出版商：＿＿＿＿＿＿
统计人：＿＿＿＿＿＿　　日　　期：＿＿＿＿＿＿　　出版年：＿＿＿＿＿＿

一级主题	代码	二级主题	概念		册次	页码	计分	小计
100 生命系统的组成	101	生命元素（C, H, O, N, P）	大量元素					
			微量元素					
		糖类	单糖（葡萄糖）					
			二糖（蔗糖、麦芽糖）					
			多糖（淀粉、淀粉粒、纤维素）					

图 0-1　高中生物学教科书广度分析工具

2. 使用细则

（1）在利用该分析工具进行统计时，仅关注教科书中有具体阐释的重要概念。只有那些原理性的、在生化过程中承担重要角色的、与学生构建基本的生物学知识框架紧密相关的概念才能够被统计在内，例如大量元素、初生演替、就地保护等。

（2）在计算广度值时，按照图 0-1 "概念"一列中最低层级的单元格计分，如果教科书中出现了最低层级单元格中所列的概念，就计为 1 分。例如，教科书中同时出现"糖类""单糖""二糖"和"多糖"这几个概念，在计分时，"单糖""二糖"和"多糖"对应的单元格分别计 1 分

（记入"计分"一栏），而"糖类"这一概念不计分。

（3）若教科书中只出现上一级概念，而未出现其下一级概念，则只计1分。例如，教科书中只出现"糖类"这一概念，但未出现"单糖""二糖"和"多糖"，则只对"糖类"计1分（记入"小计"一栏）。

（4）若教科书中的概念未体现在分析工具中，则将相应的概念补充在"其他"这个二级主题中，并进行相应的计分。

（5）在统计时，由两位研究者分别统计各主题的概念，对于不一致之处通过协商达成一致。

（三） 教科书深度分析工具

1. 教科书深度分析工具的构建

教科书深度是指教科书中的核心概念对学生认知水平的要求。

核心概念（key concept）是位于学科中心的概念性知识，包括重要概念、原理、理论等的基本理解和解释，这些内容能够展现当代学科图景。核心概念能够组织起大量事实和其他概念，是学科内部逻辑结构的体现。我国《普通高中生物课程标准（实验）》明确指出"倡导学生在解决实际问题的过程中深入理解生物学的核心概念"。

研究者认为，核心概念可以根据学生的认知能力和经验，按照一定的系列逐渐进阶发展，以层层深入的方式被学生理解。这些逐渐进阶的核心概念表现出了概念的可获得性和发展性，是可持续学习的基础（张颖之，刘恩山，2010a）。处于不同年龄段的学生，理解概念的能力和情况是不一样的，一般来说低年级学生掌握的核心概念层次较低，高年级学生掌握的核心概念层次较高，抽象度和概括性较强。由于遗传学和生态学是高中生物学科中两个具有代表性的主题，对于学生构建整体生命观念具有重要意义，而且在各个国家的生物学教科书中都有所涉及，所以本研究选取这两个主题的核心概念作为代表，对各国生物学教科书的深度进行比较。

本研究对遗传学和生态学这两个主题的核心概念及其内涵进行赋

值,即需要较强的认知能力才能理解的核心概念会被赋予较高的分值,反之则被赋予较低的分值;以每个主题的核心概念的平均分值作为该主题的深度值,再将两个主题的深度值取平均值(S),用以衡量教科书深度。

张颖之等和李红菊等分别对生物学科中的遗传学主题与生态学主题进行了学习进阶的相关研究,这些研究以中国课程标准为基本框架,选取美国、加拿大、澳大利亚、英国等50个国家和地区的课程文件,进行文本分析,同时结合问卷调查征集中国生物学教研员与骨干教师的意见,最终筛选出遗传学和生态学的核心概念,确认了这些核心概念的认知水平(从幼儿园水平到高中水平)(李红菊,刘恩山,2010)(张颖之,刘恩山,2010b)。本研究在这些研究成果的基础上,依据陈阅增主编的《普通生物学》,补充了大学水平的遗传学和生态学核心概念,以完善高中生物学教科书比较研究中这两个内容领域的深度分析工具。

本研究研制的教科书深度分析工具中的遗传学核心概念共40个,生态学核心概念共52个,两个主题的核心概念总计92个。这些核心概念的认知水平分布情况如表0-3所示,分析工具的结构如图0-2所示。

表0-3 高中生物学教科书中遗传学和生态学核心概念的认知水平分布

(单位:个)

认知水平	遗传学	生态学
幼儿园(K)	1	0
小学(P)	3	10
初中(JH)	11	14
高中(SH)	19	18
大学(U)	13	10
总计	40	52

注:同一核心概念既有可能达到初中认知水平,又有可能达到高中认知水平,因此,不同认知水平的核心概念分布有可能出现交集,使得各认知水平的核心概念数之和大于本分析工具中的核心概念总数。

遗传学部分

国　　家：_____　　教科书名称：_____　　出版商：_____

统计人：_____　　日　　期：_____　　出版年：_____

遗传学核心概念	认知水平					页码	计分
	K	P	JH	SH	U		
1. 亲代与子代之间，子代与子代之间，往往有很大的相似之处，但不是一模一样							
2. 每个生物体都有一套指令信息来决定其遗传性状							
3. 生物体的特性有些可以遗传，有些是与环境相互作用的结果							
4. 无性生殖产生单一的子代，有性生殖产生的子代多样性程度大，物种更易存活							
5. 在进行有性生殖的生物体中，来自雌体的生殖细胞与来自雄体的生殖细胞结合在一起，以形成新的个体							
6. 在进行无性生殖的生物体中，全部基因来自单个亲体							

注：不同英文字母表示不同认知水平，其中 K 表示幼儿园水平，P 表示小学水平，JH 表示初中水平，SH 表示高中水平，U 表示大学水平。阴影的位置表示相应核心概念对学生认知水平的要求。

图 0-2　高中生物学教科书深度分析工具

2. 使用细则

（1）在利用该分析工具进行统计时，首先需要通读教科书，然后根据文本内容的含义确定其所包含的核心概念，接着根据核心概念对学生认知水平要求的高低，对分别达到不同认知水平的核心概念赋予不同的分值。幼儿园水平的核心概念每个计 1 分，小学水平的核心概念每个计 2 分，初中水平的核心概念每个计 3 分，高中水平的核心概念每个计 4 分，大学水平的核心概念每个计 5 分。

（2）对于同时达到两个相邻认知水平的同一核心概念，在计分时仅遵照较高的计分规则计分。

(3) 在计分时,由两位研究者分别计分,然后计算达到各个认知水平的核心概念数的平均值,因此,最终统计结果中达到各个认知水平的核心概念数可能有小数。最后再根据计分规则计算相应的深度值。

四、研究过程

研究过程大致经历了准备、工具修订和比较研究三大阶段(见图 0-3)。

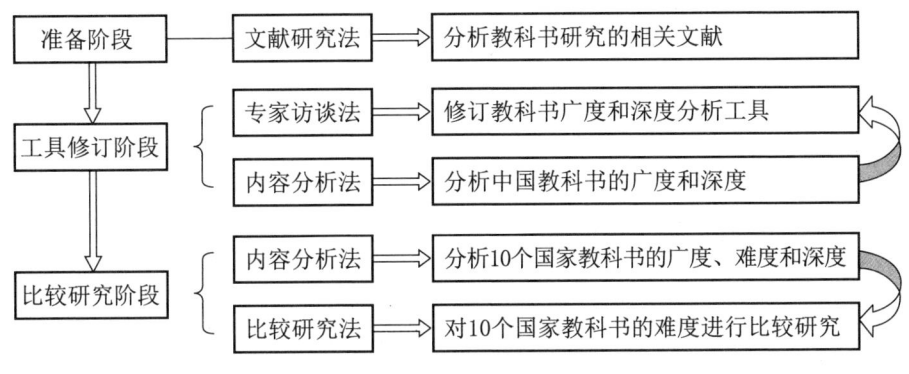

图 0-3 研究过程

五、研究成果

通过对 10 个国家高中生物学教科书难度的国际比较研究,课题组取得了如下成果:

(1) 开发了一套分析高中生物学教科书广度的有效工具,评分者一致性分析结果显示,该分析工具具有较高的信度。

(2) 开发了一套分析高中生物学教科书深度的有效工具,评分者一致性分析结果显示,该分析工具具有较高的信度。

(3) 提出了计算教科书难度的公式,即 $N = G \times S$(其中 N 表示教科书的难度值,G 表示教科书的总广度值,S 表示教科书的平均深度值)。

(4) 进行了 10 个国家高中生物学教科书难度比较及各国高中生物学教科书难度分析。

本研究采用了全新的方法对教科书的难度进行衡量,能够公平合理地评估不同国家的高中生物学教科书难度,但是在研究中仍然存在着一些问题。研究中对一国高中生物学教科书的评估是两个人一组来进行的，如果有条件的话，可以考虑扩大研究人员队伍，这样对教科书的评价就会更加具有说服力。此外，在接下来的研究中可以考虑对更多的教科书进行比较，可以是不同国家的教科书，也可以是某个国家不同版本的教科书，如只针对中国不同版本的教科书进行难度比较，以便能够为中国的教科书编写提供更有价值的意见和建议。

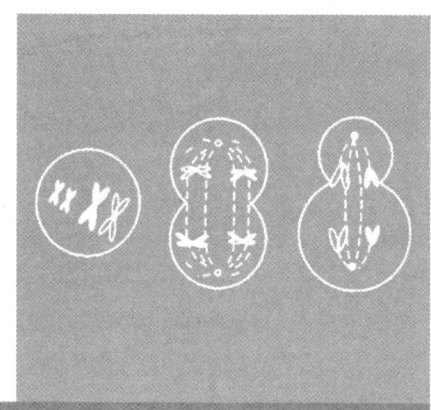

第一章

中小学教材难度国际比较研究的背景

一、相关概念术语

（一）教材

根据《辞海》，教材（teaching material）指根据课程标准编选的供教学用和要求学生掌握的基本材料，有文字教材如教科书、讲义等，以及视听教材如挂图、幻灯片、音像、光盘等多种形式（辞海编辑委员会，1999）。

根据《教育大辞典》，教材是教师和学生据以进行教学活动的材料，是教学的主要媒体。通常按照课程标准（或教学大纲）的规定，分学科门类和年级顺序编辑。包括文字教材（含教科书、讲义、讲授提纲、图表和教学参考书等）和视听教材。总原则是：从一定的教育目标出发，符合学科的体系，适合并促进受教育者的身心发展。要求兼顾学科知识的逻辑顺序和受教育者学习的心理顺序；兼顾同一学科各年级教材之间的衔接和同一年级各门学科教材之间的联系；突出重点，分散难点，适当采取直线式或螺旋式的编排方式。教材内容要素包括三个方面：（1）构成知识体系的术语、事实、概念、法则和理论；（2）与技能和能力有关的各种技术、作业方式和步骤；（3）作为世界观基础的态度、观念以及可以激发非认知因素的事实（顾明远，1998）。

（二）教科书

根据《辞海》，教科书（textbook）亦称"课本"，是教材的形式之一，指按照课程标准编写的教学和学生用书。

根据《教育大辞典》，教科书亦称"课本""教本"，是根据各科教学大纲（或课程标准）编写的教学用书。教科书是教材的主体，也是师生教学的主要材料、考核教学成绩的主要依据、学生课外扩大知识领域的重要基础。通常按学年或学期分册，划分单元或章节。教科书主要由课文、注释、插图、实验和习题等构成，其中课文是最基本的部分。其采用或认可制度有国定制、审定制、自由制。印制要求卫生、实用、定价低廉。

可以说，教科书是狭义的教材。课程的概念内涵包括了教材，而教材的概念内涵又包括了教科书，因此，本书中所引用的关于课程与教材的论述，一般都适用于教科书。为了与丛书保持一致，以下一律用教材来指称教科书。

（三）教材难度

黄甫全对课程难度给出了如下定义：课程难度是预期的教育结果从简单到复杂、从低级到高级的质和量在时间上相统一的动态进程。课程难度是由学生发展的水平决定的。满足学生发展的需要，是课程的终极价值。因此，课程难度的根本标准是学生发展的动态水平（黄甫全，1995）。从整体上说，课程难度是一种动态进程。这有两方面的含义。第一，从教育发展的历史演进看，从古代社会到现代社会，课程难度发生着从简单到复杂的相对缓慢的变化，这是历史发展性课程难度。第二，从教育活动的发展进程看，从幼儿园、小学、中学、大学到大学后，课程难度发生着由低级到高级的相对快速的上升，这是活动进程性课程难度。它可以分为幼儿园课程难度、小学课程难度、中学课程难度、大学课程难度和大学后课程难度（黄甫全，王晶，1994）。

可见，教材难度（difficulty of textbook）是由学生动态的发展水平决定的，这就使得我们难以准确地对教材难度进行概念界定。本研究将教材难度分为两个维度——教材广度与教材深度，用教材的总广度值与平均深度值的乘积表示教材的难度值，以衡量教材难度的大小。

（四）教材广度

根据史宁中等的研究，可以认为课程广度是指课程内容所涉及的范围和领域的广泛程度（史宁中，孔凡哲，李淑文，2005）。本研究基于概念理解与概念教学的理念，将教材广度界定为教材中的概念所涉及的范围和领域的广泛程度，并用教材中概念的数量来衡量教材广度。本研究对生物学教材中的概念进行了具体的界定，并制定了如何判定概念的操作细则,详见本书绪论部分。

综上,本研究中的教材广度(width of textbook)是指教材文本中涉及了多少有具体阐释的概念,并把概念的总数视为教材广度值,作为衡量教材广度大小的标准。本研究所考量的生物学教材中的概念是那些在教材中有具体阐释的概念,一般来说是原理性的、在生化过程中承担重要角色的、与学生构建基本的生物学知识框架紧密相关的概念。在文本内容分析中,一个概念只有满足以上条件,方可纳入教材广度统计。

(五) 教材深度

基于张颖之等及李红菊等对生物学核心概念的研究,本研究将生物学教材深度界定为教材中的核心概念对学生认知水平的要求。生物学核心概念要求学生达到的认知水平由低到高分为幼儿园、小学、初中、高中、大学五个水平。将教材中达到这五个认知水平的生物学核心概念分别赋予1、2、3、4、5不等的分值,以量化教材中阐释的每个生物学核心概念的深度,其权重分别是达到这五个认知水平的生物学核心概念数。之后将某一主题下所有核心概念的深度值取加权平均值,这个平均值就是该主题的深度值。本研究选取遗传学和生态学这两个主题作为代表,分别计算其深度值,再将两个主题的深度值取平均值,这个平均值就是本研究所界定的整本教材的深度(depth of textbook),以此可衡量教材深度的大小(张颖之,刘恩山,2010b)(李红菊,刘恩山,2010)。

二、科学教育的发展

生物学教育的改革趋势和科学教育的改革趋势高度一致。所以对于科学教育发展情况的概述可以体现生物学教育的发展特点和未来方向。

科学教育(science education)是以传播科学知识、方法和精神为目的的活动,学校中的科学教育是以科学的基础知识、基本概念和基本原理为内容的教育,主要指中小学的数学、物理、化学、哲学、地理、生物、生理卫生等教育和高等学校里的数学及理科教育。此外,科学教育也是一种教育思潮，强调科学基础知识、基本概念和基本原理应在学校教育内容中占主导地位，将科学思维能力的培养贯穿于一切教育活动。

19世纪中叶，科学教育的思想在英国教育家斯宾塞的《教育论》一书中第一次得到了系统的阐述，科学知识的价值自此得以凸显。20世纪以后，科学教育得到了迅猛发展，美国、法国等发达国家相继掀起了科学教育改革运动的高潮。如美国制定了对本国未来发展具有战略意义的"2061计划"；英国开展了名为"做一天科学家"的纳菲尔德科学项目（Hodson，2003）；法国开展了著名的"动手做"项目，其成果超出了几个世纪以来所进行的上百次的教学改革。根据王世存和王后雄（2011）的总结，从19世纪中叶科学教育的思想第一次被系统阐释，到20世纪60年代发生科学教育革命从而使真正的科学教育形态得以确立，科学教育的发展走过了一百多年的历程。在这一历程中，科学教育的内涵与目标几经变迁。

根据科学教育的内容和价值取向，科学教育的发展可以分为三个阶段：从19世纪下半叶到20世纪初是科学教育的阐释期，此时的科学教育实质上是科学知识的灌输，主要关注课堂上对科学概念、科学定律和科学原理的传授，其价值取向主要是精英主义教育，主要目的是培养杰出的科学家；20世纪60年代以后，科学教育进入实践期，随着知识社会和信息时代的来临，人们越来越意识到与其死记硬背各种具体科学知识，不如掌握生命力更持久的科学方法，所以此时科学教育的目的是加强科学方法的训练，其价值取向主要是科学、技术与社会（Science, Technology, and Society，简称STS）教育，关注科学、技术、社会三者之间的复杂关系；20世纪末以来，国际科学教育进入深化期，出现了以科学素养的培养为科学教育最高宗旨的发展趋势，其价值取向主要是针对全体公民的教育。

可见，国际科学教育一直在持续发展中。除此之外，从方兴未艾的有关科学教育的研究中也可以看出国际科学教育持续发展的态势。20世纪

50年代以来，国际上特别重视科学教育的研究，研究内容的主流包括概念发展、概念转变、概念图、科学素养、教师教育、科学推理等（胡卫平，2007）。20世纪60年代以后，随着科学教育改革的推进，在国际上科学教育学已成为教育科学中一个独立的分支学科或研究领域，教育发达国家纷纷依托大学和教育研究所成立了科学教育的研究中心与专业学会，开始创办研究期刊，并定期举行学术会议（丁邦平，罗星凯，2008）。如创办于1928年的美国全国科学教学研究协会（National Association for Research in Science Teaching，简称NARST），这是目前世界上最大的科学教育研究专业学会，每年4月召开一次国际性的科学教育年会。再如创建于20世纪80年代的澳大利亚科廷理工大学科学与数学教育中心，该中心现已成为全世界最大的科学与数学教育博士生培养基地。此外，澳大利亚科学教育学会出版的《科学教育研究》（Research in Science Education）、创刊于1916年的美国《科学教育》（Science Education）以及创刊于1979年的《国际科学教育学刊》（International Journal of Science Education）等专业期刊，在国际科学教育领域影响都很大。

如今，国际科学教育处于逐步全球化的阶段，世界各地的科学教育改革都与国际大趋势保持一致。对现阶段科学教育改革影响最大的当属20世纪80年代美国科学促进会（American Association for the Advancement of Science，简称AAAS）提出的"2061计划"，以及1996年美国国家研究理事会（National Research Council，简称NRC）提出的《美国国家科学教育标准》（National Science Education Standards，简称NSES），它们甚至引导了全球科学教育的课程与教学改革的方向（Carter，2005）。

中国科学教育起步时间相对较晚，且发展历程十分曲折。改革开放后，随着基础教育课程改革的实施，中国的科学教育才开始与国际教育改革接轨，真正融入国际科学教育的主流（蔡铁权，陈丽华，2011）。与20世纪国际科学教育的发展情况相比，中国科学教育存在以下问题：（1）教学内容与实际生活脱节；（2）教学方法带有权威性和机械性；（3）课程设置过于单一，忽视学科之间的联系；（4）教学方法传统死板（王世存，王后雄，2011）。可以说，中国的科学教育还基本处于国际科学教育发展的第一个时期——阐释时期，教育内容多以知识体系为主，与日常生活脱节，而教学方法主要以教师为中心，学生被动地被灌输科学知识。

至于对科学教育的研究，丁邦平和罗星凯（2008）指出，在中国，科学教育研究的兴起只是近年来的事，迄今尚未从学科建制层面上成为我国教育研究的一部分。蔡铁权和陈丽华（2011）对已有的科学教育研究成果进行了回顾，指出科学教育研究的不足主要有三个方面：第一，研究缺乏系统性与深度，对某一议题缺少长期持续的研究与实践成果，此外，很多研究都停留在对内涵、概念的解读或者是对作用等方面的简单介绍上，思辨研究偏多而实证研究偏少；第二，没有形成强大的研究团队；第三，对研究的前沿把握不够准确、及时，导致科学教育中的某些领域至今鲜有人关注和研究。总之，中国科学教育研究在与国际接轨方面做得还不够，总体水平还比较低，在国际科学教育研究核心刊物上发表的论文少之又少，研究成果的影响力较小。

三、课程改革对课程内容与教材的影响

19世纪中叶以后，科学教育进入中小学课堂，自此，科学教育逐渐成为学校课程体系的一部分。在学校教育中，由于科学教育的发展过程伴随着教育理念与目标的改变，因而也就发展出不同的科学课程。可以说，科学教育的持续发展使得科学课程也在不断发展和改革，而每次科学课程的发展和改革都势必会对课程内容与教材产生一定的影响。

（一）美国科学课程改革对课程内容与教材的影响

美国作为科学教育发达的国家，进行了很多影响深远的科学课程改革，其科学教育发展与变革的历程也充满了曲折。

美国科学课程的发展大致经历了三个阶段，每个阶段都充分显示了美国教育界对科学教育的不断反思与积极应对。如第二个阶段，即20世纪50年代中期到80年代，可称为"专业科学教育发展期"，这是美国科学课程改革的黄金年代。在60年代，许多教师、自然科学教育工作者和科学家共同参与科学课程改革，发展了一系列新的科学课程，其中小学阶段包括"科学——以过程为取向"（Science-A Process Approach，简称SAPA）、基础科学研究（Elementary Science Study，简称ESS）、科学课程改进研究（Science Curriculum Improvement Study，简称SCIS）等研究项目开发的课程，中学阶段包括物理科学研究委员会（Physical Science Study Committee，简称PSSC）、生物科学课程研究中心（BSCS）、化学教育教材研究（Chemical Education Material Study，简称CHEMS）等研究机构或研究项目开发的课程。这些科学课程的设计受到了当时科学教育研究的影响，特别是当时的学习理论，如布鲁纳的发现学习理论、盖尔的学习阶层理论、奥斯贝尔的有意义学习理论和皮亚杰的认知发展理论。耶格（Yager，1992）综述了20世纪60年代、70年代晚期与80年代早期、90年代等几个时期美国的科学课程改革，精要地总结了每个时期的改革对美国科学课程的影响。

1985年美国科学促进会提出的"2061计划"的目标是提升中小学生的科学素养，这是一个影响深远的中小学科学课程改革项目。"2061计划"的成果有三个方面。(1) 制定了学习目标，开发了课程：通过制定《科学素养基准》（Benchmarks for Science Literacy）等，提供了连贯一致的中小学各年级学习目标，可作为美国各州乃至全国的参考标准；开发了新一代的纸质版和网络版课程资源，可供科学教学与学习使用。(2) 开发了高质量的网上测试题及相关的评价系统，并且测试题与课程标准高度一致，能够评价学生对重要科学概念的掌握程度，识别学生的错误概念。(3) 推出了一系列出版物，被广泛用作教师的教学资源，揭示了教材、教师教学实践和专业发展如何相互协调以改善学生的学习。此外，"2061 计划"包含了一系列关于科学教育和科学课程的高质量的学术研究，这些都对国际科学课程的研究与改革起到了引领和指导作用。

在教材评估方面，"2061 计划"针对数学、生物和科学教材，设计了一套有效、客观的评估办法，从教材的内容标准和教学标准两个角度，对教材的广度和深度进行了全面的评价，如高中生物学教材能否真正帮助学生学习重要的生物学概念，又如教材中的教学策略和方法能否使学生达成《科学素养基准》所要求的学习目标等。"2061 计划"的教材评估不仅为教师与学生提供了有用的信息，同时也利用其影响促进了教材的设计、开发与选用。2002 年 10 月 22 日，美国科学促进会成立了新的科学教材中心，根据评估结果来重新开发中小学科学教材。随着"2061 计划"的不断推进，教材作为课程的具体物化形式和载体，其内容和形式也发生了巨大的改变（刘瑞生，2003）（邓可，刘恩山，2009）。

2011 年 7 月 9 日，美国国家研究理事会公开发布了由其负责编制的《K-12 年级科学教育框架：实践、跨学科概念与核心概念》（A Framework for K-12 Science Education：Practices, Crosscutting Concepts, and Core Ideas）。这个贯穿中小学各年级的科学教育框架为"新的科学教育标准"提供了理论指导和编写基础，肩负着将科学教育标准推向美国多个州、对不同州的科学教育具有约束力并得到共同使用的历史使命（王威，刘恩山，2012）。该框架确定了科学教育的三个维度：学科核心概念、跨学科概念以及科学与工程实践（National Research Council，2011）。该框架还建议标准和课程聚焦于有限的核心概念，以及概念的学习进阶（learning progression），并且把核心概念与跨学科概念及科学与工程实践有机结合起来，以便通过实践帮助学生理解科学，解决实际问题（科瑞柴科，2013）。该框架有望像"2061 计划"与《美国国家科学教育标准》一样，对美国科学教育的课程改革产生深远的影响。

(二) 中国科学课程改革对课程内容与教材的影响

《基础教育课程改革纲要（试行）》（以下简称《纲要》）对我国课程和教材的发展产生了深远的影响。

新中国成立以来，我国一共进行了八次基础教育课程改革。在第八次课改理念的指导下，2001年6月，教育部向各省、自治区、直辖市教育厅印发了《纲要》，作为贯彻落实基础教育课程改革的纲领性文件。在课程内容方面，《纲要》指出要改变课程内容"难、繁、偏、旧"的现状。关于教材，《纲要》指出：国家课程标准是教材编写的依据。教材内容的选择应符合课程标准的要求，体现学生身心发展特点，反映社会、政治、经济、科技的发展需求；教材内容的组织应多样、生动，有利于学生探究。

此外，《纲要》明确指出要完善基础教育教材管理制度，实现教材的高质量与多样化。(1) 鼓励有关机构、出版部门等依据国家课程标准组织编写中小学教材。建立教材编写的核准制度。完善教材审查制度，除经教育部授权省级教材审查委员会外，按照国家课程标准编写的教材及跨省使用的地方课程的教材须经全国中小学教材审查委员会审查；地方教材须经省级教材审查委员会审查。教材审查实行编审分离。(2) 改革中小学教材指定出版的方式和单一渠道发行的体制，严格遵循中小学教材版式的国家标准。教材的出版和发行试行公开竞标，国家免费提供的经济适用型教材实行政府采购，保证教材质量，降低价格（中华人民共和国教育部，2001）。

而《国家中长期教育改革和发展规划纲要（2010—2020年）》也在第四章"义务教育"第十条"减轻中小学生课业负担"中明确指出，要"调整教材内容，科学设计课程难度"。

总之，新课改对课程和教材的要求可以基本概括为三点：第一，实现教材的多样化；第二，实现教材的高质量；第三，科学设计课程难度，改变教材内容"难、繁、偏、旧"的现状。

具体到科学教育的改革,根据丁邦平等的研究,自改革开放以来,在我国基础教育领域,科学教育大致经历了三次改革,基本上每隔10年就要进行一次改革。第一次改革始于1978年,直至20世纪80年代中期结束,其主要特点是拨乱反正,恢复了正常教育教学秩序,编写了新的科学教学大纲和教材。这次科学教育改革吸收了世界各国60年代以来科学课程改革的经验,使中学的数学、物理、化学和生物等自然科学的课程内容实现了现代化。第二次改革是从80年代中期至90年代。其特点是在初等教育阶段开始重视幼儿园与小学的科学教育改革(当时叫自然学科改革),在中等教育阶段则降低科学课程的难度,同时追求科学课程的本土化。第三次改革始于世纪之交,至今仍在进行之中。其特点是进一步与国际科学教育改革接轨,试图衔接小学与初中的科学教育,促使义务教育阶段科学教育课程与教学改革一体化,面向全体学生,以科学素养为目标,注重培养学生的科学探究能力等(丁邦平,罗星凯,2008)。

四、教材现状

(一) 国外教材现状

国际科学教育一直在持续发展之中,各国进行的科学教育课程改革对教材的理念、内容、编写、发行、认定(审定)等方面都有着深远的影响。与此同时,大量高质量的课程与教材不断涌现,各国也纷纷建立了课程与教材研究中心。

1. 国外高质量生物学教材简况——以美国 BSCS 教材为例

生物科学课程研究中心(BSCS)自1958年成立以来,编写了大量中学生物学教材。其中高中生物学教材经过近2000位生物学教授和专家、中学教师、教育学家、心理学家、艺术家历时4年的共同研究,在15万名学生中试教,后经多次修改,最终于1963年9月正式出版。BSCS对生物学课程的改革引发了世界性的生物学教育改革的浪潮,许多国家先后采用了BSCS的教材、教法和教学思想。至20世纪70年代中期,已有63个国家和地区采用了 BSCS 教材，BSCS 教材被翻译成 21 种文字。这些国家中不仅有发达国家，也包括菲律宾、泰国和印度等发展中国家。我国台湾地区和香港地区在 60 年代后期引入了 BSCS 的黄皮本作为高中生物学教材（李庆文，吴相钰，2000）。

2. 国外教材保持高质量的原因

国外一些教材之所以能保持高质量，主要原因有两个：一是拥有完备科学的教材质量保障制度（沈晓敏，2001），从教材的研制开发制度（包括立项、编写、出版），到审定（认定）制度，到选用供给制度，再到教材评价制度等（孔凡哲，2004）；二是拥有众多实力强劲的课程与教材研究中心（李宁，2012），这些研究中心对教材的内容分析研究及开发研制评价等各个环节，甚至是课程改革的发起，都有着举足轻重的作用。

对于教材制度，沈晓敏（2001）指出：关于教材的编写和发行，欧美国家、日本和大洋洲地区的国家都是由多家民间出版社组织；教材的审定（认定）和选用互相分离，并有严格的法规做保障，由权威机构或部门对教材进行严格认定或审定，最后由地方教育部门或学校自由筛选。这种制度可以吸引更多的出版社自由编写和出版教材，此外，审定（认定）和选用互相分离的制度能够促使出版社为提高教材的质量而竞争，促进教材在内容和形式上的多样化及不断更新，同时还能推动教材的理论研究。

在课程与教材研究中心方面，德国于 1951 年创立了国际教材研究所，日本 70 家出版社于 1976 年联合成立了教材研究中心，法国巴黎国家教育学院设有教材研究中心，澳大利亚悉尼大学教育学院创办了教学资源和教材研究联盟等。这些研究中心有以下作用：建立图书馆以收集教材或建立数据库，进行关于教材的方方面面的研究，通过学术活动、商业活动、公益活动等将教材与专家、出版机构、公众联系起来。欧美等发达国家中这些以研究所和大学为中心的教材学术研究机构，促进了教材研究的专业化与国际交流，也促进了教材质量的提升（王岳，1997）。

由于本研究将中国生物学教材与法国、澳大利亚的教材进行了详细的比较，所以下面将从科学教育、教材制度、研究机构等方面简要介绍一下法国和澳大利亚教材的相关情况。

法国中小学课程标准由法国教育部统一制定、颁布，教材的编写工作是在一定原则指导下依据课程标准进行的。法国的教材由民间出版机构组织编写和发行。初等教育需要由各县的教材认定委员会发布认定合格的教材目录；中等教育教材采用自由选用制，把教材选择权交给教材的使用者，但一般由教师决定。值得一提的是，接受出版机构委托在闲暇时编写教材的也是教师，所以法国教材的发展与"基层"的期望紧密相连（阿兰，肖邦，汪凌，2003）。此外，法国教材研究中心收集和研究世界各国的教材，并建立了世界上最大的国际教材数据库。法国中小学教材的编写与出版集中在几家历史悠久、实力雄厚的出版社，主要有阿歇特（Hachette）、国际城市出版集团［包括拉鲁斯（Larousse）、纳唐（Nathan）和博达斯（Bordas）］，教材除了供应法国本国中小学外，还供应瑞士、卢森堡、比利时等国家的中小学（李复新，1992）。

澳大利亚的中小学教育实行地方分权制的教育管理体制，各州政府和州教育部制定课程标准。初等与中等教育的教材由民间出版机构组织编写和发行，采用自由选用制，由州以下的地区教育办公室和学校负责选用（赵春娟，2001）。值得一提的是，1967年，澳大利亚将美国BSCS的课程和方法引入本国高中生物学课程，并采用了美国10年级学生使用的、以生态为主题的BSCS绿皮本教材。在此基础上，经过消化吸收，澳大利亚科学院主持编写了具有澳大利亚特色的生物学教材——《生命网》（Biological Science: The Web of Life），作为高中11年级和12年级的教材（刘恩山，1988b），在85%以上的学校中使用（刘恩山，1988a）。跟许多国家一样，澳大利亚也深受美国科学教育的影响（如"2061计划"），甚至开发的科学教育国家标准也跟美国国家科学委员会（National Science

Council，简称 NSC）的科学教育标准非常相似。此外，澳大利亚拥有教学资源和教材研究联盟这样的教材研究机构，主要通过对教材和其他教学资源的研究来改善它们在中小学及大学等机构中的使用情况。

（二）国内教材现状

自新中国成立到 1986 年，我国基础教育采用统一的课程和教材，中小学各科教材由人民教育出版社编辑出版。从 20 世纪 80 年代中期开始，我国对教材的管理体制和编审制度进行改革：由"一纲一本"发展为"一纲多本"，编写和发行由各家出版社完成；由"编审合一"改为"编审分开"，但仍是国家审定制，一方面鼓励编写不同风格、不同特点、不同层次的教材并参与竞争，另一方面所有教材都要经过全国中小学教材审定委员会审查，择优推荐。

1. 教材多样化与教材质量的现状

我国生物学教材的多样化，不仅是课程改革的要求，也是我国生物教育发展的必然趋势。随着科学的普及和教育的发展，单一版本的生物学教材逐渐难以适应我国不同地区由经济、文化、教育发展差异所带来的不同需求；加之我国幅员辽阔，南北东西间的生态环境差异明显，一本教材很难适应学生的生活情境和实际需要（刘恩山，2011b）。目前我国经教育部核准并投入使用的高中生物学教材有以下五个版本：

- 人民教育出版社版（简称"人教版"）
- 浙江科学技术出版社版（简称"浙科版"）
- 江苏教育出版社版（简称"苏教版"）
- 中国地图出版社版（简称"地图版"）
- 北京师范大学出版社版（简称"北师大版"，原"河北少儿版"）

在编写高质量、高水准课程标准和教材的过程中，我们遇到了如下挑战。第一，缺乏专业从事课程标准和教材研发的骨干团队。由于多年来我国只有少数几家出版社负责中小学教材的编写和出版工作,所以具有相关经验的专业编写团队数量很少。第二,关于高质量教材编写的研究和积累不足。在2000年前后新课程标准教材编写工作中,暴露出我国教材研究团队力量单薄、预研究储备不足等问题,如生物学教材中设计的探究活动在科学过程技能培养、逻辑的严密性等方面质量不高,插图的研究和素材积累不够,导致用于教材的图片储备不足(刘恩山,2011b)。

此外,实行"一纲多本"后,实际上也只是增加了地方版教材,而各省域内的地方版教材基本上还是单一的,其编写受地方政府的管控,因此也没有太多可供选择的余地。要使开放的编写和出版制度有效发挥功能,必须具备两个前提条件:第一,市场经济比较成熟、规范,必须由权威机构或部门建立一套公正的、民主的审查标准与严密的审查程序,否则在教材出版社之间会发生不正当的恶性竞争。第二,出版社具有相当的编写和出版专业教材的经验,包括拥有一批熟悉学科专业的编辑人员,以保证编写教材所需的长期而稳定的人员组成和持续作业(沈晓敏,2001)。

孔凡哲和史宁中(2007)指出,全国出现了"多个标准、多套课本"(如教育部推出的课程标准及相配套的多个版本的教材、上海市推出的课程标准及相配套的教材)的新格局,这是我国教材史上的一个重大进步。然而由此也产生了教材质量参差不齐,以及教材的"多样化"演变成"多本化"等问题。

综上,多样化的教材出版机制势必加速我国教材质量的提升,但要想真正建立自由、开放、有序的教材编写和出版制度,形成大量专业的教材编写团队和出版机构,以实现教材的多样化和高质量,还需要时间和努力。

2. 教材难度与中小学生学习负担的现状

中小学生学习负担过重,既有制度性因素(如校日制度、周课时数、课程设置等),也有非制度性因素(如心理负担、违反国家规定超额布置家庭作业等）。我国中小学生学习负担过重，其原因复杂多样。比如由于优质教育资源供不应求，学生在升初中、高中、大学时都面临着激烈的竞争；又如"一试定终身"且仅以考试成绩为标准的高考录取制度；再如我国文化中的"万般皆下品，唯有读书高"等思想：这些都直接或间接地导致了我国中小学生的学习负担过重（杨秀治，刘宝存，2002）。

课程难度无疑是影响中小学生学习负担的一个非常重要的制度性因素。这也是我国课程改革为什么要求科学设计课程难度、改变课程内容"难、繁、偏、旧"的现状的根本原因，其目的是减轻我国中小学生过重的学习负担。

黄甫全（1995）对课程难度进行了研究，他指出，在我国中小学教育实践中，课程难度存在的突出问题主要有两个：一是在横向上对学生差异的包容度过小，仅照顾了一部分学生，而对大部分学生来说，要么难度过高"吃不了"，要么难度过低"吃不饱"；二是在纵向上梯度分布不合理，有的内容梯度过大，超越了学生发展水平，从而阻碍学生的发展，而有的内容则梯度过小，落后于学生发展水平，从而制约学生的发展。此外，他还指出，教材是教育者和受教育者据以进行教育活动的材料，是课程的物化形态。因此，课程难度最终便具体化和详细化为教材难度（黄甫全，王晶，1994）。虽然课程难度并非仅仅表现在教材难度上，但至少说明教材难度直接影响了课程难度，也影响了中小学生的学习负担。

就高中生物学教材而言，我国的高中生物学教材是否真的"难、繁、偏、旧"？如果真的"难、繁、偏、旧"，又"难、繁、偏、旧"在哪里？对我国高中生物学教材的难度该如何科学地加以设定？因此，对生物学教材的难度开展国际比较研究十分必要。通过国际比较一来可以了解我国高中生物学教材的难度在国际上处于什么地位，是否真的难，是否使得我国中小学生学习负担过重；二来可以发现我国高中生物学教材在哪些方面还需要调整难度，以及该如何调整。

五、教材研究

美国学者托马斯·库恩指出，任何一门科学中第一个范式兴起的附带现象，就是对于教材的依赖。其实不仅科学知识，在某种程度上可以说绝大部分知识，甚至包括人生观、世界观等观念的获得，都发源于教材。当我们是孩童时，我们从教材中获得成为社会人所必需的起步知识和观念。教材的编纂人员，总是按照一定的观念、标准编写教材，教材充当着传输常规知识的工具的角色（毕苑，2007）。教材的重要性由此可见一斑，因此对教材的研究十分有价值。

（一）教材研究的类型和方法

1. 教材研究的类型

教材研究的视角多种多样。李祖祥将教材研究分为意识形态取向、工艺取向、教学取向三种类型（李祖祥，2007）。米克（Mikk）在其著作《教材：研究与写作》（Textbook: Research and Writing）中，从教材评价的角度论述了教材的访问调查研究、教材的实验调查研究、教材的文本分析以及教材可读性分析（Mikk，2000），其中前两个是按研究方法分类的，后两个是按研究内容分类的。

较之以上对教材研究的分类，以下两种分类相对系统和明确。魏因布伦纳（Weinbrenner）指出教材的研究可分为三类。（1）过程取向：教材涉及研制、批准、市场、采用、应用、报废六个不同阶段，每个阶段都有其研究目标、角度和方法。（2）产品取向：教材被视为教学媒介和视觉沟通工具。一般的研究都是以此为研究范畴的，常用的方法是内容分析法。（3）接受取向：此类研究可说是学校教学分析的一部分，目的在于了解教师、学生、家长等对教材的反馈（Weinbrenner，1992）。蓝顺德将教材研究概括为内容分析研究和开发研制过程研究两大类。内容分析研究又可分为教材内容、教学设计、图文编排、语言运用、意识形态等七类；开发研制过程研究则可分为政策、市场机制、编辑、审查、选用、使用、评价等七类（转引自陈月茹，2007）。

根据以上理论，可以确定本研究的类型和方法。由于本研究首先针对高中生物学教材的难度进行分析，然后进行国际比较，所以可以说，本研究主要是基于教材的产品取向，属于教材内容分析研究；此外，对教材的难度进行研究，也可以说是基于一定的接受取向，属于教材开发研制过程研究中的评价研究。下文将对教材内容分析与教材评价分别进行综述。

2. 教材研究的方法

孔凡哲和张恰（2007）指出教材研究的常用方法有内容分析法、层次分析法、对比实验法、质性方法等。其中常用的质性方法主要有文献法、观察法、访谈法、历史研究、扎根理论方法、叙事分析、行动研究等。

魏运华和李俏（2007）指出，1999—2007年，我国学者对中小学教材的研究主要从宏观和微观两个层面进行，使用了文献法、内容分析法、文本对比法和问卷调查法等不同的研究方法，但大多局限于教材宏观层面的研究，缺乏教材微观层面的深入研究，即使是少量微观层面的研究也主要是描述性的，真正实证性的研究几乎没有。

任亚南（2009）通过对2000—2008年《课程·教材·教法》《基础教育课程》两种期刊以及中国知网的《中国优秀硕士学位论文全文数据库》《中国博士学位论文全文数据库》中700多篇关于教材的研究文献进行统计分析，发现在各种研究方法中内容分析法所占比例最大，其次是比较分析法、调查分析法，而实验法、访谈法运用得较少。

若按教育定量研究范式与定性研究范式来划分，教材研究的方法则可分为两大类：教材质化研究和教材量化研究。内容分析法、实验法、访谈法等无非是获得教材研究的量化数据或是质化资料和数据的方式而已。根据陈为霞（2009）的总结，对教材研究结果的描述，最佳模式是"定量刻画，定性诠释"，即量化研究和质化研究相结合的方式。接下来要综述的教材内容分析与教材评价，也都包含教材量化研究和教材质化研究这两个方面。

(二) 教材内容分析

教材的内容分析（content analysis）是指以客观、系统的态度，既注重资料的数量统计也注重对资料意义的分析，定量和定性相结合地对教材文本内容的特征进行研究和分析，以推论文本内容蕴含的意义或是背景、原因、趋势等（姚冬琳，2011）。进行内容分析时，一定要遵循明确的规则。如果这个规则包含了主观评价，那么分析者需要先接受培训，然后遵循固定和明确的规则进行内容分析，以确保得到可信的数据。

1. 教材内容分析的步骤

根据姚冬琳（2011）的研究，对教材进行内容分析有如下步骤。

（1）确定内容分析的目的

内容分析可以达成以下目标，如分析教材与课程标准的一致性，研究教材难度，评价教材中可能会有的偏见等。

（2）确定分析单位、分析项目和分析规则

内容分析的目的确定后，需要为测量的材料确定分析单位。分析单位是分析文本内容时的单位，可以依据教材编排的单位，如字、词、句、段、课、单元、节、章、主题等，或是教材编排的栏目，如插图、课外阅读、实验、习题等。分析项目是指分析文本内容时的项目，如概念、术语、词语抽象程度、句子复杂性、意识形态等。分析规则是指按分析单位进行项目分析时所遵守的规则、使用的方法。

其实，确定分析单位、分析项目和分析规则即是确定分析工具，即根据内容分析的目的确定相应的分析工具去开展研究。

（3）确定研究对象

确定研究对象即是教材的样本选取，需要考虑诸如教材的版本、出版社等诸多因素。样本要具有完整性和代表性，还要有合适的样本量。

(4) 测定内容分析的效度

内容分析的效度指分析工具（分析单位、分析项目和分析规则等）能测量出所测量特性的程度。测定内容分析的效度旨在确保分析工具的有效性。

(5) 进行教材内容分析

确定分析工具有效后，即可运用分析工具对教材进行实际的内容分析。分析时要兼顾量化分析和质化分析，量化分析主要包括频数分析和矩阵分析等，质化分析主要包括文本意义分析等。须注意将定量刻画与定性诠释相结合。

(6) 测定内容分析的信度

内容分析的信度是指根据分析工具进行内容分析后得到的分析结果的一致性，即分析结果稳定可靠的程度。应根据分析者人数和分析方式的不同（等级评定还是非等级评定），选择适当的信度分析方法（何佳，何惧，席雁 等，2007）。

2. 教材内容分析的分析项目和分析方法

如上文所述，教材内容分析研究可分为教材内容、教学设计、图文编排、语言运用、意识形态等七类。这可看作对内容分析的项目从宏观上所做的一个比较全面的分类。

米克（Mikk，2000）在《教材：研究与写作》的"教材分析"一章中，细致地综述了如下几个分析项目：词汇熟悉度、术语、名词抽象度、句子复杂性、文本结构、价值观。通常在评估教材对学生是否适用时，首先，需要对教材词汇进行内容分析，可以采用如下分析方法：分析教材中的词汇在语言中尤其是日常用语中的词频，即词汇熟悉度；分析外语词汇的百分比；分析词汇的长度；分析教材中术语的数量，在一些教材中术语的数量可能比语言类教材中的外语词汇还要多；分析名词抽象度，这可以在一定程度上揭示文本的抽象度。其次，教材内容分析的一个重要分析项目是句子的复杂性,这可以通过句子的长度和句子的结构来分析。句子的长度可以用词汇的长度、字母间距或音节来衡量,之后计算长句在教材中的百分比;句子的结构通常与动词形式以及形容词或其他修饰有关。再次,句子之间的衔接可以用重复的词汇、代词、连词等来衡量,句子之间的衔接及其他一些文本的元素可以用图和矩阵来描述,定量刻画文本结构。此外,教材中旨在形成学生价值观的内容也是一个重要的分析项目,可以通过教材中的插图、讲述的故事、词语的选择等来衡量,同时还需要分析教材覆盖了哪些价值观,没有覆盖哪些价值观。

教材的可读性也是教材内容分析的一个重要项目。目前,研究者已开发了大量的可读性公式,用于对文本进行分析,以检测读者在尝试理解文本时所感受到的困难程度。公式中最主要的变量一般是句子的长度和词汇的长度,并没有体现文本内容的复杂性,也没有考虑读者特征如前科学概念等,所以受到了学界的许多批评。但教材的可读性分析对于教材内容分析的重要性是毋庸置疑的。

吴瑞祥(2003)构建了一个教材定性内容分析框架,该框架由基础性分析、适应性分析和发展性分析三个维度组成。基础性分析是分析教材理论系统、表达系统和作业系统是否正确,是否符合相关的课程标准。适应性分析是观察和收集能够反映教材理论系统、表达系统和作业系统在实际使用中的适应程度的资料和数据,分析教材是否适合当前现实。发展性分析就是评估教材是否符合未来社会发展的需求,是否考虑了学生的全面要求。

总之,在进行教材内容分析时,需要按照一定的步骤,科学地确定分析项目和分析方法,并制定明确严谨的规则。而规则的建立与完善则需要以大量的研究为基础。此外,教材的内容分析与教材的评价联系非常紧密,如对教材可读性的内容分析其实就是对教材的一个综合评价。可以说,评价总是以分析为基础的。

（三）教材评价

基于王小莎（2010）对教材评价的观点，本研究将教材评价界定为：收集能够反映教材本身质量（包括出版特性、物理特性、内容特性和教学特性等方面）及实际使用效果的资料和数据，根据一定的评价标准对资料和数据进行科学分析，以确定教材的质量和有效性，为教材的编写、发行、选用和修改等提供支持与建议。

1. 教材评价的步骤

（1）确定教材评价的目标

教材评价的目标有三种（热拉尔，2009）。

① 决定是否准许教材发行（有效化评估）。

② 在若干教材中选择最合适的版本（有效化评估）。

③ 提出建议，对某本教材（或手稿）进行修改（调整性评估）。

（2）根据目标制定教材的评价标准和评价指标

要达成以上目标，在进行教材评价时需要遵循教材的评价标准和评价指标。丁朝蓬（2000）界定了评价标准和评价指标：评价标准指根据价值主体（如学生、社会）的需要确定的评价维度；评价指标指根据价值客体（教材）的属性和特征确定的评价维度。针对评价目标，研究者可根据评价标准和评价指标对教材是否达到要求进行评价。杰拉德（Gerard）等人对教材评估框格进行了广义和狭义的划分（Gerard, Roegiers, 2009），其中教材广义的评估框格指的就是评价标准，教材狭义的评估框格指的就是评价指标。

评价指标在其他文献里亦称"评价维度"或"评价项目"。

（3）制定评价方法

教材评价方法是教材评价的关键性工具，根据王小莎（2010）的研究，教材评价方法可分为侧重于教材内容分析的静态评价方法和侧重于教材实际使用效果及影响的动态评价方法。静态评价方法有审核表法

(checklist method)、插图评价法等，动态评价方法有问卷法、访谈法、实验法等。

（4）确定评价者

虽然教材最直接的功能是满足学生个人身心发展的需要，但教材还有一种很重要的功能是促进学生的社会化，满足社会培养下一代的需要。所以教材评价需要综合考虑学生的需要和社会的需要。教材评价者可以是学生，可以是学科专家和教师，可以是教材编写者和审议者，也可以是家长等社会人士。

（5）收集资料数据并撰写结论

明确了以上步骤，就可以进行评价了。在评价过程中，可能需要对评价标准、评价指标和评价方法等进行调整。

2. 教材评价的评价标准、评价指标和评价方法

在制定教材评价标准和评价指标时，可以参照前人研究成果和国家有关文件，如美国"2061计划"的研究成果、我国教材招标细则和国家课程标准等。在我国台湾地区，台北师范学院研制了小学教材的评价指标和评价标准。其评价指标包括出版特性、物理特性、内容特性和教学特性四个方面，每个方面又包含若干个小指标。评价标准是针对每个小指标提出的。如，教学特性方面的"学习评量"这个小指标，共有六个评价标准：学习评量能配合教学目标，评量方式多元化，兼顾认知、技能、情意评量，兼顾高层次目标的评量，诊断或补救措施，其他。在美国，教材评价包括十几种评价指标，如可读性、权威性、生词、概念、教材的编排、辅助材料、插图、没有偏见、教学参考书等，每个指标都有几条评价标准。美国"2061计划"对教材评价提出了七类标准：提供教学目的，考虑学生前科学概念，使学生接触科学现象，发展和使用科学概念，促进学生对现象、经验和知识的思考，评定学习的进步，改善科学学习的环境。这七类标准之下又各自分列了几个二级标准，每个二级标准都有详细的说明和评分规则（丁朝蓬，2001）。高凌飚（2007）指出，教材的评价应该有六个基本的指标：知识、思想文化内涵、心理发展规律、编写制作水平、可行性、特色与导向性。应根据学科的具体情况将上述指标和问题学科化、具体化，形成评价的相关指标项，并进一步制定学科的具体评价标准。

从评价标准和评价指标来看，教材评价的方法可谓多种多样。米克在《教材：研究与写作》中将教材评价方法主要分为三类：教材的访问调查、教材的实验调查和教材的文本分析。教材的访问调查研究一般采取问卷法，是一种使用最为广泛和相对容易操作的教材评价方法。该方法最有价值的地方在于专家的回答，但有时不同专家对同一种教材的不同评价使得他们的评价值得商榷。教材的实验调查研究通常在学校进行，用于检验教材某项特征的重要性，其实验设计的科学性需要经过论证或是专家访谈。这类研究一般用于分析诸如一种新的教材是否使得学生的学习效果比之前好、研发的教材是否可以在学校中使用等这类问题。其优点是能科学有效地反映教材的功效，但缺点是耗时耗钱。教材的文本分析是分析教材的某个特征，其中如何制定分析规则及收集能够反映教材某项特征的客观数据是关键。其优点是省钱，缺点是难以界定精确的分析规则。

3. 教材的比较研究

纵向上，对教材可以按时间变迁进行比较研究，如谢歆（2009）的《小学数学新、旧教材的比较研究——以人教版小学四年级上学期教材为例》；横向上，教材可以按版本的不同或国家和地区的不同进行比较研究，如初蕾（2011）的《国内五个版本新课程标准高中生物教科书（选修2）比较分析》、赵璐和李高峰（2012）的《中美高中生物教材中"与生物学相关的学科"的比较》。

无论是纵向比较研究还是横向比较研究，教材均可以按出版特性、物理特性、内容特性（与课程标准的一致性、可读性、编排、习题、插图、偏见等）、教学特性等诸多要素进行比较研究。如李高峰（2011）的《中美两国高中生物学教材"与生物学相关的职业"栏目比较》、黄徐丰和李玲（2012）的《人教版与北师大版高中生物"分子与细胞"作业系统的比较分析》。总之，与前文所述的教材研究的类型相一致，无论是教材内容分析研究还是教材开发研制过程研究，研究中涉及的要素都可以作为教材比较研究的要素。

BIOLOGY

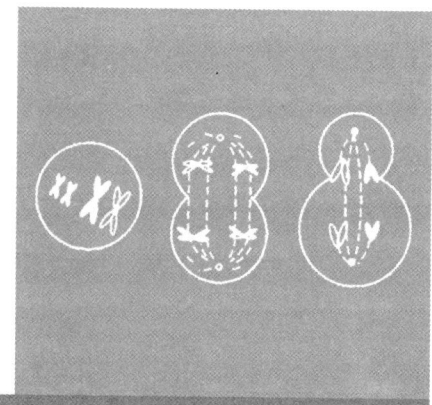

第二章

高中生物学教材难度比较

第一节　高中生物学教材的广度

"教材广度"（G）是指教材中的概念所涉及的范围和领域的广泛程度。

一、教材广度的总体情况

本研究利用教材广度分析工具，对 10 个国家的高中生物学教材广度值进行统计，并将广度值以百分制统一转换为 G_{100}。例如，广度值最大的是澳大利亚教材，以此为基准（100），分别计算其他国家教材的百分制广度值，则新加坡教材的百分制广度值为：$G_{100新加坡} = G_{新加坡} \times 100/G_{澳大利亚} = 405 \times 100/425 = 95$。统计结果如表 2-1 和图 2-1 所示。

表 2-1　10 个国家高中生物学教材广度统计

国家	广度/G	
	总广度值	G_{100}
澳大利亚	425	100
新加坡	405	95
德国	348	82
美国	335	79
日本	316	74
韩国	285	67
中国	257	60
英国	232	55
俄罗斯	227	53
法国	144	34

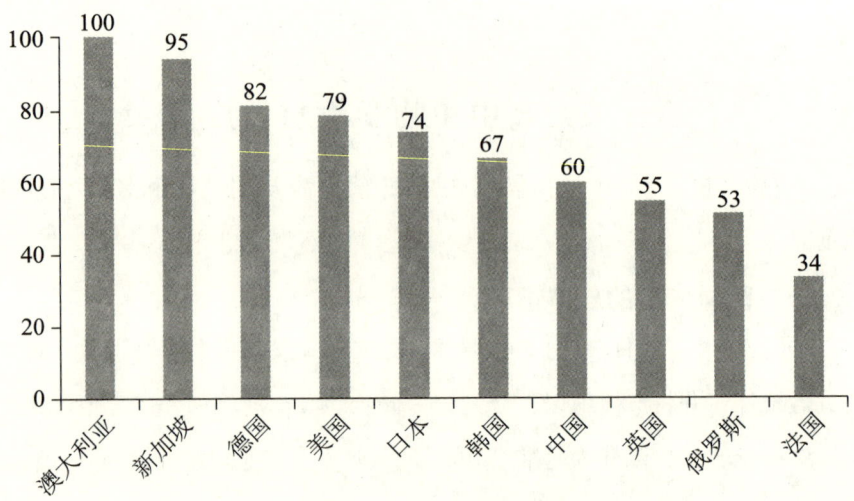

图 2-1　10 个国家高中生物学教材的广度

从表 2-1 和图 2-1 可以看出，各国高中生物学教材的广度差异较大，其中广度值最高的是澳大利亚教材（425），最低的是法国教材（144）。中国教材排在第 7 位，处于中低水平。在 4 个亚洲国家中，中国教材的广度值最低。

二、教材中概念的主题分布

各国高中生物学教材中的概念在生命科学分类细目表中各个一级主题下的分布情况如表 2-2 所示。

表 2-2　10 个国家高中生物学教材一级主题下的概念分布　　（单位：个）

国家	生命系统的组成	植物学	人体与动物生理学	遗传学	进化	生殖	生态学	实验及生物技术	总计
澳大利亚	89	36	134	59	28	34	40	5	425
新加坡	87	36	122	59	25	27	42	7	405
德国	77	18	83	73	18	19	42	18	348
美国	66	35	112	29	28	33	31	1	335
日本	72	26	89	38	31	24	34	2	316

续表

国家	生命系统的组成	植物学	人体与动物生理学	遗传学	进化	生殖	生态学	实验及生物技术	总计
韩国	55	17	80	48	33	7	38	7	285
中国	71	19	62	36	7	18	44	0	257
英国	41	12	85	19	10	15	39	11	232
俄罗斯	62	11	0	58	34	30	32	0	227
法国	23	0	50	32	9	19	9	2	144

根据表 2-2 中的数据，将中国教材中的概念在不同主题下的分布情况与其他 9 个国家的教材分别进行比较，检验概念分布的一致性。在比较分析时，先将每个主题的广度值除以相应国家教材的总广度值，折合成百分比，进行卡方检验（Chi-Square Tests）。利用费舍尔精确检验（Fisher's Exact Test）得到蒙特·卡罗显著性（Monte Carlo Sig.）（双侧）的 P 值，结果如表 2-3 所示。

表 2-3　中国与其他 9 个国家高中生物学教材中概念分布的一致性卡方检验

国家	澳大利亚	德国	俄罗斯	法国	韩国	美国	日本	新加坡	英国
χ^2	7.228	9.037	29.357	23.258	12.637	12.838	7.050	6.389	12.052
P	0.395	0.263	0.000**	0.000**	0.053	0.050	0.426	0.491	0.088

注：* 表示 $P<0.05$；** 表示 $P<0.01$。

从卡方检验的结果可以看出，除俄罗斯教材与法国教材外，中国教材中的概念在不同主题下的分布情况与其他 7 个国家的教材无显著差异，尤其是与新加坡、日本、澳大利亚、德国的教材有较高的一致性。

三、研究结论

中国教材中概念的分布情况与其他国家教材的区别，主要表现在以下几个方面。

在"生命系统的组成"主题下,中国教材的广度值排第 5 位,处于中等水平。一致性分析结果表明,中国教材在此主题下的概念分布情况与澳大利亚、德国、美国、法国的教材无显著差异。

在"生态学"主题下,中国教材的广度值排第 1 位,处于最高水平。一致性分析结果表明,中国教材在此主题下的概念分布情况与日本、美国、澳大利亚的教材无显著差异,且与日本和美国的教材有较高的一致性。

中国教材在其他 6 个主题下的概念分布情况与其他 9 个国家的教材具有显著差异。其中除了在"植物学"主题下概念的广度值处于中等水平(排第 5 位),中国教材在其他 5 个主题下的概念广度值均处于较低水平。

第二节 高中生物学教材的深度

"教材深度"(S)是指教材中的核心概念对学生认知水平的要求。

本研究利用教材深度分析工具,选取"遗传学"和"生态学"两个主题的核心概念作为代表,对 10 个国家的高中生物学教材深度值进行统计。下面主要从总体情况、核心概念的认知水平分布和研究结论三个方面来阐述研究结果。

一、教材深度的总体情况

本研究根据教材深度分析工具计算出各国高中生物学教材深度值,并将深度值以百分制统一转换为 S_{100}。例如,深度值最大的是德国教材,以此为基准(100),分别计算其他国家教材的百分制深度值,则韩国教材的百分制深度值为:$S_{100韩国} = S_{韩国} \times 100 / S_{德国} = 3.984 \times 100 / 4.069 = 98$。统计结果如表 2-4 和图 2-2 所示。

表 2-4　10 个国家高中生物学教材深度统计

国家	深度/S	
	平均深度值	S_{100}
德国	4.069	100
韩国	3.984	98
美国	3.952	97
日本	3.909	96
中国	3.875	95
法国	3.821	94
澳大利亚	3.789	93
俄罗斯	3.780	93
新加坡	3.765	93
英国	3.419	84

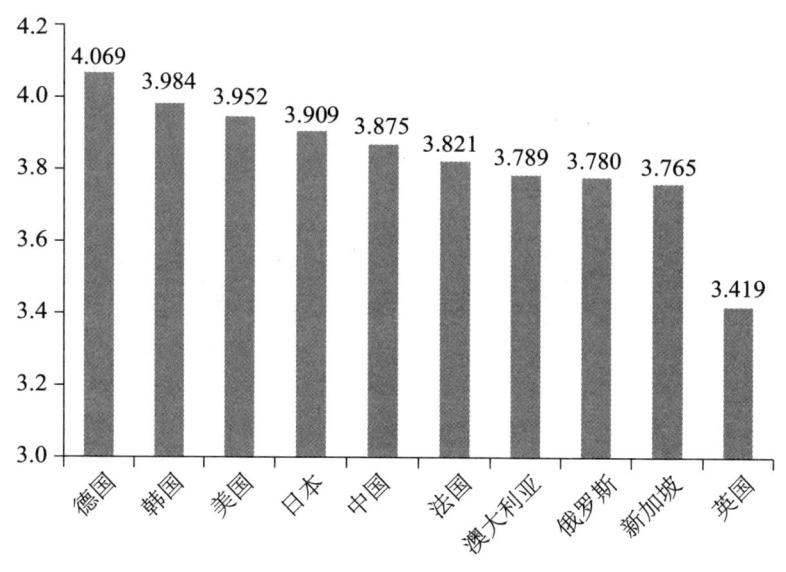

图 2-2　10 个国家高中生物学教材的深度

从表 2-4 和图 2-2 可以看出，各国高中生物学教材的深度差异较大，其中深度值最高的是德国教材（4.069），最低的是英国教材

(3.419)。中国教材排在第 5 位 (3.875),处于中等水平。

二、教材中核心概念的认知水平分布

各国高中生物学教材中遗传学和生态学核心概念的认知水平分布情况如表 2-5 和图 2-3 所示。

表 2-5　10 个国家高中生物学教材中遗传学和生态学核心概念的认知水平分布

认知水平		幼儿园	小学	初中	高中	大学	总数
澳大利亚	数量（个）	0	4.5	18	24	12.5	59
	比例（%）	0	7.63	30.51	40.68	21.19	100
德国	数量（个）	0	0	13	20	16.5	49.5
	比例（%）	0	0	26.26	40.40	33.33	100
俄罗斯	数量（个）	0	0	17	24	8	49
	比例（%）	0	0	34.69	48.98	16.33	100
法国	数量（个）	0	0	7	15.5	7.5	30
	比例（%）	0	0	23.33	51.67	25.00	100
韩国	数量（个）	0	0	11	22	9	42
	比例（%）	0	0	26.19	52.38	21.43	100
美国	数量（个）	0	1	9.5	16.5	8	35
	比例（%）	0	2.86	27.14	47.14	22.86	100
日本	数量（个）	0	3.5	17	23	18	61.5
	比例（%）	0	5.69	27.64	37.40	29.27	100
新加坡	数量（个）	0	1	12	19	6	38
	比例（%）	0	2.63	31.58	50.00	15.79	100
英国	数量（个）	0	4	17.5	20.5	1	43
	比例（%）	0	9.30	40.70	47.67	2.33	100
中国	数量（个）	0	0	12	23	7	42
	比例（%）	0	0	28.57	54.76	16.67	100

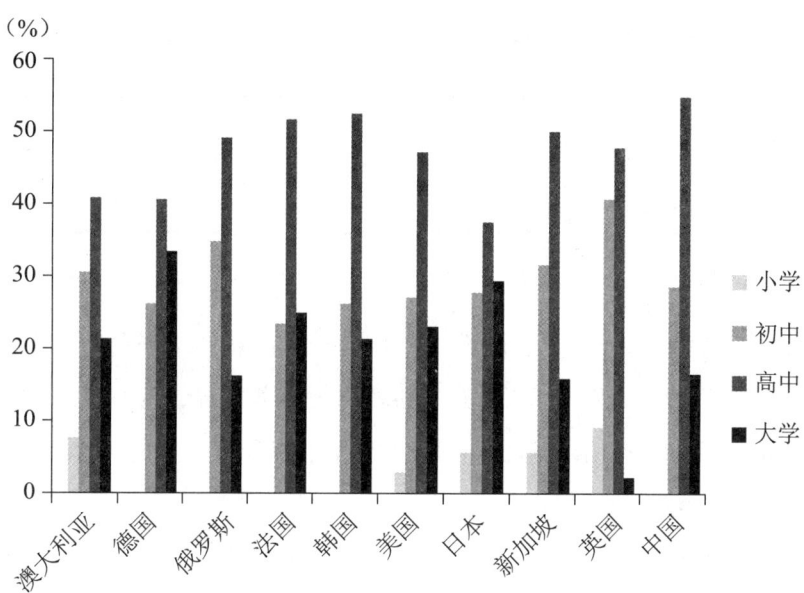

图 2-3 10 个国家高中生物学教材中遗传学和生态学核心概念的认知水平分布

从表 2-5 的统计结果可以看出，10 个国家的高中生物学教材中达到高中认知水平的核心概念所占比例大致介于 40%—50%，中国教材的这一比例最高，为 54.76%，而日本教材的这一比例最低，为 37.40%。

德国教材与日本教材中核心概念认知水平的分布特点是，达到大学水平的核心概念所占比例很高，分别为 33.33% 和 29.27%；而英国教材中核心概念认知水平的分布特点是，达到大学水平的核心概念所占比例很低，只有 1 个，而半数核心概念的认知水平则在高中以下，致使教材深度偏小。

根据表 2-5 中的数据，将中国教材中核心概念认知水平的分布情况与其他 9 个国家的教材分别进行比较，检验核心概念认知水平分布的一致性。卡方检验结果如表 2-6 所示。

表 2-6　中国与其他 9 个国家高中生物学教材中核心
概念认知水平分布的一致性卡方检验

国家	澳大利亚	德国	俄罗斯	法国	韩国	美国	日本	新加坡	英国
χ^2	11.088	7.621	0.947	2.280	0.660	4.201	12.713	3.045	25.002
P	0.010**	0.021*	0.656	0.318	0.743	0.232	0.004**	0.427	0.000**

注：*表示 $P<0.05$；**表示 $P<0.01$。

卡方检验结果表明，中国教材中核心概念的认知水平分布情况与韩国、俄罗斯、新加坡、法国、美国的教材无显著差异，具有较高的一致性，而与德国教材具有显著的差异，与澳大利亚、日本和英国的教材具有极其显著的差异。

三、研究结论

（1）10 个国家按高中生物学教材的深度值从高到低排序，依次为德国、韩国、美国、日本、中国、法国、澳大利亚、俄罗斯、新加坡、英国。深度最大的是德国教材，最小的是英国教材。

（2）中国教材的深度值位居第 5，处于中等水平。在 4 个亚洲国家中，韩国教材深度最大，中国教材位居第 3。

第三节　高中生物学教材的难度

"教材难度"（N）是指学习者读懂教材文本内容和达成设定目标的难易程度。

本研究根据高中生物学教材难度计算公式，计算 10 个国家高中生物学教材的难度。下面主要从总体情况和研究结论及启示两个方面来阐述研究结果。

一、教材难度的总体情况

本研究利用高中生物学教材广度和深度分析工具，分别统计 10 个国家高中生物学教材的总广度值和平均深度值,并根据教材难度计算公式计算每个国家教材的难度值。此外,还分别将总广度值、平均深度值和难度值以百分制统一转换为 G_{100}、S_{100}、N_{100}。例如,难度值最大的是澳大利亚教材,以此为基准(100),分别计算其他国家教材的百分制难度值,则新加坡教材的百分制难度值为:$N_{100新加坡} = N_{新加坡} \times 100 / N_{澳大利亚} = 1524.825 \times 100 / 1610.113 = 95$。统计结果如表2-7和图2-4所示。

表2-7 10个国家高中生物学教材难度统计

国家	广度/G		深度/S		难度/N	
	总广度值	G_{100}	平均深度值	S_{100}	难度值	N_{100}
澳大利亚	425	100	3.789	93	1610.113	100
新加坡	405	95	3.765	93	1524.825	95
德国	348	82	4.069	100	1416.012	88
美国	335	79	3.952	97	1323.853	82
日本	316	74	3.909	96	1235.244	77
韩国	285	67	3.984	98	1135.440	71
中国	257	60	3.875	95	995.875	62
俄罗斯	227	53	3.780	93	858.060	53
英国	232	55	3.419	84	793.208	49
法国	144	34	3.821	94	550.224	34

从表2-7和图2-4可以看出,澳大利亚教材的难度值最高,中国、日本和韩国这3个亚洲邻国的教材难度值较为接近。中国教材排在第7位,处于中低水平,从课程设计的角度来看,并不会给学生的学习造成过重的负担。

二、研究结论及启示

(一) 研究结论

本研究利用自行开发的教材难度分析工具,对10个科学教育发达国

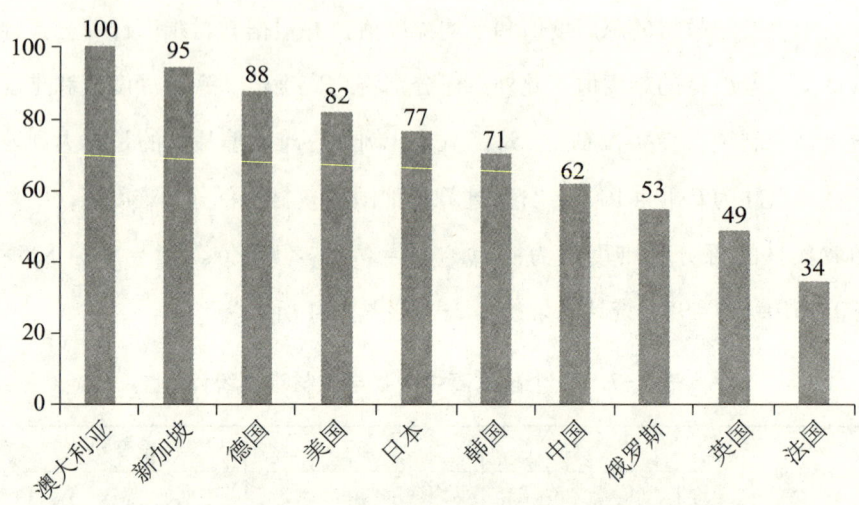

图 2-4　10 个国家高中生物学教材的难度

家的高中生物学教材难度进行分析和比较，得出如下结论。

（1）在难度方面，中国教材在 10 个国家的教材中排第 7 位，处于较低水平。

（2）在广度方面，中国教材在 10 个国家的教材中排第 7 位，处于较低水平。

（3）在深度方面，中国教材在 10 个国家的教材中排第 5 位，处于中等水平。

根据以上结果，可以看出中国教材的难度在 10 个科学教育发达国家的教材中处于中等水平。学生的学业量既受学生学业数量多少的影响，也受学生学业难度大小的影响（郝文武，2012）。本研究的结果可以说明中国教材的难度不大，并不是导致学生学业负担过重的原因。

我国在研制《普通高中生物课程标准（实验）》时，充分吸收基础教育中的已有研究成果和优良传统，在征求广大一线生物学教师意见的基础上，结合国际比较研究，进行了充分的论证工作，从而大大提高了《普通高中生物课程标准（实验）》的适切性。该标准为高中生物学教材的编写提供了良好的指导,确保了教材难度水平的适宜性。

(二) 研究启示

(1) 教材的内容选择应体现社会发展的需求。从内容主题来看,我国高中生物学教材中有关生态学的内容比例较高,这与我国基础教育重视生态保护教育的倾向是一致的,符合国情,是一个重要的特色,在今后的教材编写过程中应保持这一特色。我国高中生物学教材中有关进化的内容所占比例偏低,这一情况值得我们注意和讨论。由于进化是贯穿生物学知识的一个重要观点,对学习者理解生命世界、树立辩证唯物主义自然观有着积极的作用,因此,可以考虑在教材编写或修订时适当增加这部分内容的比例。

(2) 不同学段的教材在概念选择方面应该进行整体设计,体现学习进阶的理念。从教材编写的角度来看,概念的选择和概念内涵的范围是两个重要的方面(刘恩山,2011a)。因此,在教材中呈现哪些概念,以及如何表述其内涵都将影响教材的难度。如果出现的概念过多,则会加重学生的学习负担;如果概念内涵过深,大大超过了学生已有的知识基础和认知发展水平,则会影响他们对这些概念内涵的理解。因此,在教材编写过程中,应该统筹考虑各个学段学生的认知发展水平,以学习进阶的理论及研究成果为依据,选择适宜的概念及其内涵,保证各学段教材内容的连贯一致和良好的使用效果。

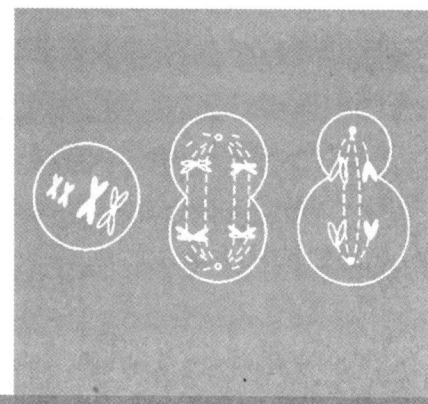

第三章

各国高中生物学教材难度分析[①]

[①] 本章中各国高中生物学教材难度分析以国家名称英文缩写首字母为序,依次为澳大利亚(AU)、中国(CN)、德国(DE)、法国(FR)、英国(GB)、日本(JP)、韩国(KR)、俄罗斯(RU)、新加坡(SG)、美国(US)。

第一节　澳大利亚高中生物学教材难度分析

一、教材信息

澳大利亚的两册高中生物学教材《生物》是经澳大利亚维多利亚省教育证书（VCE）认证并授权至 2014 年的教材，同时也被用于支持 VCE 2005 年的生物学研究设计。其内容与研究设计高度匹配，并将最新的生物学发展与应用融入澳大利亚本土环境，包含了遗传学、免疫学和分类学等方面的最新进展。

二、教材的难度

本研究利用高中生物学教材广度和深度分析工具，分别统计澳大利亚与中国高中生物学教材的总广度值和平均深度值，并根据教材难度计算公式计算每个国家教材的难度值，结果如表 3-1 所示。

表 3-1　澳大利亚与中国高中生物学教材难度统计

国家	广度/G		深度/S		难度/N	
	总广度值	G_{100}	平均深度值	S_{100}	难度值	N_{100}
澳大利亚	425	100	3.789	93	1610.113	100
中国	257	60	3.875	95	995.875	62

首先需要说明的是，由于在使用教材深度分析工具时有两位研究者，需要做评分者信度分析以保证数据的可靠性。本研究采用卡帕（Kappa）一致性系数（P）来计算评分者信度。澳大利亚教材的 Kappa 评分者一致性系数为 0.858，说明两位研究者的评分结果几乎完全一致，十分可信。中国教材的 Kappa 评分者一致性系数为 0.695，说明两位研究者的评分结果高度一致，十分可信。

从表 3-1 中的数据可以看出，中国教材的难度值远远低于澳大利亚教材。由于两国教材的深度值差异很小，可以说，其教材难度的差异基本取决于总广度值的差异,即概念数量的差异。

三、教材的广度

(一) 一级主题下的概念分布

从表 3-1 中的数据可以看出,中国教材的广度远小于澳大利亚教材,说明在具体阐释和传递的概念数量上,中国教材远低于澳大利亚教材。两国教材中各个一级主题下的概念分布情况如表 3-2 所示。

表 3-2　澳大利亚与中国高中生物学教材
一级主题下的概念分布　　　　　　（单位:个）

一级主题	生命系统的组成	植物学	人体与动物生理学	遗传学	进化	生殖	生态学	实验及生物技术	总计
澳大利亚	89	36	134	59	28	34	40	5	425
中国	71	19	62	36	7	18	44	0	257

首先,根据表 3-2 中的数据,将澳大利亚教材中的概念在不同主题下的分布情况与中国教材进行比较,检验概念分布的一致性。在比较分析时,先将每个主题的广度值除以相应国家教材的总广度值,折合成百分比,进行卡方检验,$\chi^2 = 7.228$,$P = 0.395$。由此可知,澳大利亚教材中的概念在不同主题下的分布情况与中国教材并没有显著差异,两国教材有较高的一致性。

不过,虽然两国教材中的概念在不同主题下的分布情况具有较高的一致性,但绝对数值却相差很大。除了在"生态学"一级主题下中国教材中的概念数量略高于澳大利亚教材,在其他七个一级主题下,中国教材中的概念数量都远低于澳大利亚教材。尤其是在"人体与动物生理学"和"进化"这两个一级主题下,澳大利亚教材中的概念数量高出中国教材一倍多。

(二) 二级主题下的概念分布

虽然两国教材中的概念在不同主题下的分布情况具有较高的一致

性，但绝对数值却相差很大，所以有必要分析在每个一级主题所包含的二级主题下，两国教材中的概念分布情况，进一步挖掘两国教材广度差异的根源，以便为教材的编写和修订提供借鉴。两国教材中 52 个二级主题下的概念分布情况如表 3-3 所示。

表 3-3 澳大利亚与中国高中生物学教材二级主题下的概念分布　　（单位：个）

一级主题		二级主题	澳大利亚	中国
100 生命系统 的组成	101	生命元素（C，H，O，N，P）	2	2
	102	有机化合物（例如碳水化合物、蛋白质、核酸、氨基酸、酶等）	37	28
		无机化合物	1	3
	103	细胞结构与功能	24	22
	104	细胞学说	1	1
	105	细胞的物质运输	4	3
	106	细胞生长和细胞分化	4	5
	107	组织和器官	2	1
	108	系统	1	0
	109	微生物	6	4
	110	细胞新陈代谢	5	0
	190	其他	2	2
200 植物学	201	营养与光合作用	6	4
	202	呼吸作用	3	3
	203	生长/发育/行为	17	12
	290	其他	9	0
300 人体与动物 生理学	301	营养与消化系统	14	1
	302	血液与循环系统	13	6
	303	呼吸、呼吸系统与呼吸作用	8	0
	304	骨骼和肌肉系统	2	1
	305	神经和内分泌系统	40	37
	306	健康与疾病/免疫系统	26	15

续表

一级主题	二级主题		澳大利亚	中国
300 人体与动物生理学	307	排泄	9	2
	308	生长/发育/行为	14	0
	390	其他	7	0
400 遗传学	401	遗传性状	7	4
	402	孟德尔遗传学	5	2
	403	现代遗传学	11	4
	404	突变与变异	19	13
	405	遗传方式	2	5
	406	转录和翻译	10	8
	490	其他	6	0
500 进化	501	分类	10	0
	502	拉马克学说	0	2
	503	现代进化理论	2	3
	504	生命起源学说	0	0
	505	人类的进化	1	0
	506	进化的证据	1	1
	507	自然选择	3	1
	590	其他	11	0
600 生殖	601	有丝分裂和减数分裂	10	13
	602	无性繁殖	3	2
	603	植物的生殖	5	2
	604	动物的生殖	2	0
	605	人类的生殖	8	0
	690	其他	7	1

续表

一级主题	二级主题		澳大利亚	中国
700 生态学	701	种群	3	8
	702	种群动态	2	3
	703	群落	7	8
	704	生态系统	16	15
	705	生态演替	2	3
	706	生态环境保护	8	7
	790	其他	2	0
800 实验及生物技术			5	0

首先，根据表 3-3 中的数据，将澳大利亚教材中各个二级主题下的概念分布情况与中国教材进行比较，检验概念分布的一致性。在比较分析时，先将每个二级主题的广度值除以相应的一级主题的总广度值，折合成百分比，进行卡方检验，结果如表 3-4 所示。

表 3-4 澳大利亚与中国高中生物学教材二级主题下概念分布的一致性卡方检验

一级主题	生命系统的组成	植物学	人体与动物生理学	遗传学	进化	生殖	生态学	实验及生物技术
χ^2	10.004	36.033	41.277	28.185	162.330	58.296	28.671	—
P	0.423	0.000	0.000	0.000	0.000	0.000	0.000	

从表 3-4 中的数据可以看出，在"生命系统的组成"这个一级主题下，两国教材在 11 个二级主题下的概念分布情况无显著差异，具有较高的一致性。此外，在其他七个一级主题下，两国教材在各个二级主题下的概念分布情况都有很显著的差异。

结合表 3-2 中的数据可以看出，虽然澳大利亚教材中的概念在不同一级主题下的分布情况与中国教材并没有显著差异，两者具有较高的一致性，但在绝大多数一级主题所包含的二级主题下，两国教材中的概念分布情况都有很显著的差异，即两国教材侧重阐释和传递的概念在更为细化的方向上有很大差异。

（三） 不同二级主题下概念分布情况的具体差异

在每个一级主题所包含的二级主题下，两国教材中的概念分布情况一般都有显著的差异。而在本研究所做的教材分析中，到了三级主题，基本就是概念团下的具体概念了，所以对不同国家教材中各个二级主题下概念的具体差异加以分析，就显得很有必要，这样做能够更深刻和细致地揭示不同国家教材广度的差异所在。

1. "生命系统的组成" 主题下的概念分布

（1）有机化合物（澳大利亚37，中国28）

在这个二级主题下，澳大利亚教材中广度超过中国教材的主要是蛋白质、核酸和酶这三个概念团。

相比中国教材，澳大利亚教材在"蛋白质"这个概念团上多介绍了蛋白质结构（一、二、三、四级）、蛋白质分子伴侣、蛋白质组学等内容。中国教材虽然在《生物1：分子与细胞》中讲解了蛋白质的结构及其多样性，但没有像澳大利亚教材那样明确提及蛋白质的一至四级结构的概念，也没有阐释相应空间结构的蛋白质是什么形状和类别的。澳大利亚教材还在"蛋白质形成"一节具体阐释了蛋白质形成中的微观变化和分子伴侣的概念，较之中国教材更加微观；在中国，这是大学教材中的内容。澳大利亚教材阐述了蛋白质组学的概念，并提及了人类基因组与其他基因组的关系，涉及进化的概念，为后面的"进化"主题埋下了伏笔。

在澳大利亚教材中，"核酸"概念团上多了叶绿体 DNA 和线粒体 DNA 的内容。虽然中国教材在《生物1：分子与细胞》中也提及真核细胞线粒体、叶绿体内含有少量的 DNA，但没有具体阐释叶绿体 DNA 和线粒体 DNA 这两个概念。澳大利亚教材在"DNA 测序"一节具体阐释了叶绿体 DNA 和线粒体 DNA 的形状、大小、作用、保守性，以及具体基因编码的酶等分子生物学的概念。

在澳大利亚教材中，"酶"概念团上多了诱导契合、活性部位、辅酶的内容。这些都是对酶的作用机制的微观阐释，由此可以看出澳大利亚教材比中国教材更注重微观的概念阐释与传递。

（2）细胞结构与功能（澳大利亚 24，中国 22）

在这个二级主题下，虽然两国教材中概念的绝对数值相差无几，但具体来看仍有较大差异。较之中国教材，澳大利亚教材对微管、微丝、桥粒、核小体等更为微观的细胞结构与功能的概念进行了更多的阐释与传递。

（3）细胞新陈代谢（澳大利亚 5，中国 0）

在这个二级主题下，澳大利亚教材中广度超出中国教材的概念主要是三羧酸循环（TCA 循环）、糖酵解、呼吸色素。可见，澳大利亚教材比中国教材更注重呼吸作用的微观作用机制方面的概念阐释与传递。其实中国教材也讲解了有氧呼吸的三个阶段，这本质上就是糖酵解、三羧酸循环和电子传递链，只不过在阐释和传递时淡化了概念。

2. "植物学"主题下的概念分布

在此主题下，澳大利亚教材中广度超过中国教材的概念主要有形成层、管胞、筛管、木质部、根毛等结构性概念，以及初生生长、次生生长、蒸腾作用等过程性概念。关于植物学的相关概念，其实中国初中生物学教材中已经进行了讲解，在这里两国教材出现广度上的差异，可能跟两国生物学课程内容在学段安排上的不同有关。澳大利亚教材主要在讲解生物体中的物质运输时，系统地阐释和传递了植物体物质运输方面的概念。尤其是对蒸腾作用，教材全面揭示了其起因、作用和影响因素等，较之中国教材，内容既广且深。

由于不知道澳大利亚教材在 11 年级之前对植物学概念的阐释与传递情况，因此无法进行相关分析。就中国教材而言，这个主题下一共有 19 个概念，一般在讲解生长素、光合作用等重要生化过程时才会涉及一些基本的植物学概念，如胚芽鞘、C3 和 C4 植物。至于中国高中生物学教材在植物学主题上与初中教材的衔接情况，以及是否由浅入深地传递了生物学的核心概念等，还有待进一步研究。

3. "人体与动物生理学"主题下的概念分布

（1）人体和动物的各大系统

澳大利亚教材和中国教材在关于人体和动物的各大系统的概念团绝对数量上有较大差异（见表 3-5）。

表 3-5　澳大利亚与中国高中生物学教材中关于人体和动物的各大系统的概念团分布　　（单位：个）

二级主题	澳大利亚	中国
营养与消化系统	14	1
血液与循环系统	13	6
呼吸、呼吸系统与呼吸作用	8	0
健康与疾病/免疫系统	26	15
排泄	9	2

关于"营养与消化系统"，澳大利亚教材中广度超出中国教材的概念主要有口腔、胃、肝脏、胆囊等涉及人体和动物基本生理结构的概念。两国教材出现广度差异，可能与两国生物学课程内容在学段安排上的不同有关，因为中国主要在初中教材中对人体和动物生理结构的相关概念进行阐释和传递。

关于"血液与循环系统"，澳大利亚教材中广度超出中国教材的概念，除了心房、心室、瓣膜等涉及人体和动物基本生理结构的概念，还有血压、血管舒张（收缩）等涉及血液功能和运作原理的概念，以及血小板、血型等涉及血液组分和特点的概念。

关于"呼吸、呼吸系统与呼吸作用",中国教材只讲解了分子与细胞层面的呼吸作用,而澳大利亚教材还涉及与呼吸作用相关的器官,如气管(支气管、细支气管)、肺、鳃、气门等人体和动物基本生理结构方面的概念,而这些内容在中国主要是在初中生物学教材中进行讲解的。此外,澳大利亚教材还涉及一些定量阐释呼吸作用的概念,如潮气量、余气量、肺活量等,这是中国生物学教材没有涉及的。

关于"免疫系统",虽然中国教材也涉及自身免疫缺陷的概念,但澳大利亚教材更为系统地阐释了获得性免疫、先天性免疫、自身免疫缺陷、免疫治疗等一系列的免疫相关原理以及疾病和治疗的相关概念。此外,澳大利亚教材还阐释和传递了干扰素、抗药性、补体系统等一些在中国大学生物学教材中才会介绍的概念。关于"健康与疾病",澳大利亚教材阐释了体重、基础代谢率、传染病、炎症等概念,而中国教材只是在《生物2:遗传与进化》的"遗传"模块涉及了遗传病的概念,而没有涉及基本的健康与疾病原理的相关概念。

关于"排泄",两国教材存在广度上的差异,这可能也与两国生物学课程内容在学段安排上的不同有关,中国主要在初中教材中对排泄系统的相关概念进行阐释和传递。

此外,值得一提的是,在"神经和内分泌系统"这个二级主题下,两国教材中的概念虽然绝对数值相差不大,但具体来看仍有较大差异。关于神经系统,中国教材的广度体现在反射的概念上,如先天性反射、条件反射以及反射弧模型,涉及具体的传入神经、神经中枢、传出神经等;还体现在突触模型上,涉及具体的突触小体、突触前膜;此外,教材对"记忆"这一概念团也进行了一定的阐释与传递。由此可以看出,中国教材更注重经典模型的概念阐释与传递。澳大利亚教材的广度则体现在不应期、阈电位、全或无定律、极化(去极化、复极化)等一系列关于人体与动物生理中更为微观的神经冲动产生与传递的机制的概念上。关于"内分泌系统",中国教材的广度体现在激素的拮抗调节和反馈调节这两个经典模式所涉及的概念上,如血糖、甲状腺激素、促甲状腺激素、促甲状腺激素释放激素等。澳大利亚教材的广度则体现在一系列与性激素相关的概念上,如黄体素、黄体生成素、促卵泡激素、催产素、黄体酮、雌激素、催乳素等。由此同样可以看出,中国教材更注重经典模式的概念阐释与传递。

(2) 生长/发育/行为

在这个二级主题下,澳大利亚教材的广度体现在囊胚、原肠胚、外胚层、中胚层、内胚层等细胞-组织-器官层面的发育学相关概念,胎盘、胚胎、胎儿、婴儿、变态、发育等基本的发育学相关概念,以及先天性行为、社会性行为、学习行为、冬眠等人体和动物行为的基本概念上。而中国教材对此鲜有涉及。

4. "遗传学"主题下的概念分布

在此主题下,澳大利亚教材广度较大,部分地体现为对一些概念团阐释得更为具体和全面。如中国教材只对"显性"这一概念进行了阐释,而澳大利亚教材对显性中的不完全显性、完全显性、共显性等概念都进行了阐释与传递;又如中国教材在《生物2:遗传与进化》中涉及了测交、回交、杂交等具体的经典遗传学操作方式,但没有像澳大利亚教材那样明确提及并进行概念阐释。

在"现代遗传学"二级主题下,澳大利亚教材的广度体现在复等位基因、基因组、基因图、基因复合体、DNA 序列数、染色体组型、基因座、DNA 指纹、基因探针等一系列涉及生物科学与技术前沿的概念上。

在"突变与变异"二级主题下,澳大利亚教材的广度体现在移码突变、错义突变、沉默突变、无义突变、体细胞突变、生殖细胞突变、连续突变、染色体结构变异等一系列具体到分子层面的概念上。

而在"遗传方式"二级主题下,中国教材的广度体现在伴性遗传、交叉遗传、单基因遗传(病)、多基因遗传(病)、染色体异常遗传(病)等一系列有关遗传病机理的概念上。

此外,澳大利亚教材还具体阐释了启动子、RNA 聚合酶、DNA 修复系统、内含子、外显子等分子生物学概念,这在中国一般是在大学生物学教材中才会讲解的内容。

5. "进化"主题下的概念分布

在此主题下,澳大利亚教材广度较大,主要体现在两个方面。一方面,澳大利亚教材对"界门纲目科属种"及生物学分类所涉及的一系列分类学概念(如双名法)进行了阐释,而中国教材无论是初中教材还是高中教材都没有对分类学方法做较为系统的介绍。此外,本研究将分类学上基本的界和门等概念规定为学生应该掌握的内容,如单子叶植物门、节肢动物门,所以在统计时包含这一部分内容的澳大利亚教材的广度会相应增大,而中国教材中没有对界、门、纲等概念的总体阐释,因此广度不大。

另一方面,澳大利亚教材在适应辐射、趋同进化、平行进化、奠基者效应、遗传漂变、物种形成渐进模式、系统进化树等现代进化理论上广度较大,而中国教材对现代进化理论所涉及的概念阐释得较少。

6. "生殖"主题下的概念分布

在此主题下,澳大利亚教材广度较大,体现在两个方面。一方面是对人类生殖相关概念的阐释与传递,主要有卵巢、子宫、月经周期、排卵、怀孕、睾酮、睾丸等。中国仅在初中生物学教材中对人类的生殖做了简要介绍,而没有像澳大利亚教材那样系统细致地对与人类生殖相关的概念团进行阐释和传递。另一方面是对其他生物生殖相关概念的阐释与传递,如孢子、二分裂、孤雌生殖、出芽生殖、断裂生殖等。中国教材主要阐释了人类和动物的生殖,对其他生物的生殖也有简单涉及,但没有具体的概念阐释。

7. "生态学"主题下的概念分布

在此主题下，中国教材的广度主要体现在对"种群"概念团的阐释与传递上，如种群密度、标志重捕法、出生率和死亡率、迁入率和迁出率、年龄组成和性别比例。此外，较之澳大利亚教材，中国教材的广度还体现在对群落的垂直结构和水平结构，以及生态系统抵抗力稳定性和恢复力稳定性等相关概念的阐释上。基于数据可知，中国教材对生态学概念的阐释和传递较为系统全面。

8. "实验及生物技术"主题下的概念分布

此主题是在计划课程调查（SEC）工具之外由课题组商议后增加的，只有涉及生物学基础实验技术的相关概念阐释才可以计数。10个国家的教材共收录了37个概念。中国教材没有涉及这一主题，澳大利亚教材对凝胶电泳、单克隆抗体、DNA测序、显微镜操作、革兰氏染色等概念进行了阐释和传递。

四、教材的深度

从表3-1中的数据可以看出，中国教材的深度与澳大利亚教材相差无几，说明两国教材所阐释的生物学核心概念要求学生达到的认知水平总体上基本一致，即分别达到幼儿园、小学、初中、高中、大学这五个认知水平的所有生物学核心概念的深度值的加权平均值差异不大。

在本研究中，高中生物学教材的深度取"遗传学"和"生态学"两个主题深度的平均值。"遗传学"主题或"生态学"主题深度值的计算方法是用该主题下不同认知水平的核心概念的认知水平得分总和除以该主题的核心概念数量。不同国家教材中不同主题下出现的不同认知水平核心概念的数量不同，因此，通过统计教材中"遗传学"主题和"生态学"主题下不同认知水平的核心概念数量，能够看出教材在这两个部分涉及的内容深度主要集中在什么认知水平上。两国教材中核心概念的认知水平分布情况如表3-6所示。

表 3-6 澳大利亚与中国高中生物学教材中遗传学和生态学核心概念的认知水平分布

	认知水平	幼儿园	小学	初中	高中	大学	总计
澳大利亚	数量（个）	0	4.5	18	24	12.5	59
	比例（%）	0	7.63	30.51	40.68	21.19	100
中国	数量（个）	0	0	12	23	7	42
	比例（%）	0	0	28.57	54.76	16.67	100

根据表 3-6 中的数据，将澳大利亚教材中的核心概念在不同认知水平上的分布情况与中国教材进行比较，检验概念分布的一致性。在比较分析时，先将每个认知水平上的核心概念深度值除以相应国家教材的总深度值，折合成百分比，进行卡方检验，$\chi^2 = 11.088$，$P = 0.010$。由此可知，澳大利亚教材中的核心概念在不同认知水平上的分布情况与中国教材有显著的差异。

为什么澳大利亚教材中的核心概念在不同认知水平上的分布情况与中国教材有显著的差异，而两国教材的平均深度值几乎没有差异？进一步分析表 3-6 中的数据可知，澳大利亚教材中达到小学、初中、大学水平的核心概念比例都比中国教材高，而中国教材中达到高中水平的核心概念比例则大大超过了澳大利亚教材。可见，平均深度值的高低，并不能说明一个国家教材中达到大学水平或低于高中水平的核心概念的多少，因此有必要进一步分析核心概念在不同认知水平上的分布情况。也就是说，平均深度值适中，不一定意味着一个国家的教材中高深概念不多，也可能是高深概念和对学生认知水平要求低的概念都比较多。

通过对澳大利亚教材中核心概念认知水平分布情况的原始数据进行分析，可以发现教材注重核心概念的进阶，概念阐释由浅入深，核心概念在不同认知水平上都有分布，教材的平均深度值不高，内容更容易被学生学习和理解。如澳大利亚教材第 2 册第 70 页中遗传信息的概念，教材先阐释"遗传信息包括在基因中,基因位于每一细胞的染色体上"这一初中水平的核心概念,之后阐释"一个基因是一段 DNA 分子,它决定机体蛋白质的氨基酸序列"这一高中水平的核心概念,接着阐释"储存于 DNA 中的遗传信息用于指导成千上万个蛋白质的合成。信息流通常是由 DNA 到 RNA,再到蛋白质"这一高中水平的核心概念,这样就把初中认知水平和高中认知水平相对接,由浅入深、螺旋式上升地形成了一条关于遗传信息的概念链,有利于深化学生的思维。无论是对与初中学习成果相对接而言,还是对为大学学习做预备而言,这种核心概念的编写方式都恰到好处,值得借鉴。

五、结论与建议

(一) 教材难度要满足当时当地学生发展的需要

中国教材的难度远远小于澳大利亚教材,由于两国教材的平均深度值差异很小,其难度值的差异基本取决于总广度值的差异,即概念数量的差异。那么,这是不是就说明澳大利亚教材的质量高于中国教材?教材难度到底多大才是适宜的?这些都是很难回答的问题。

课程难度是由学生发展的水平决定的。满足学生发展的需要,是课程的终极价值。因此,课程难度的根本标准,是学生发展的动态水平(黄甫全,1995)。

教材质量的高低并不能仅凭教材难易程度来评价,教材最根本的目标是满足当时当地学生发展的需要。就学生的发展而言,教材的难度过大或过小都不利于保障学生学习的兴趣和效果。

(二) 澳大利亚及中国教材广度的特点

较之中国教材,首先,总体来说,澳大利亚教材更注重生物学微观层面的概念阐释,在绝大多数一级主题中,澳大利亚教材都对分子和细胞等微观层面的概念进行了更多的阐释和传递。其次,澳大利亚教材阐释和传递了很多生物科学与技术的前沿概念。最后,在具体的内容领域,澳大利亚教材中"人体与动物生理学"和"进化"这两个一级主题下的概念数量高出了中国教材一倍多。在"人体与动物生理学"主题下，概念数量的差异很大程度上与两国生物学课程内容在学段安排上的不同有关，中国在初中生物学教材中讲解了很多"人体与动物生理学"的相关概念；而在"进化"主题下中国教材设置的内容确实偏少，值得我们注意和讨论。

此外，较之澳大利亚教材，中国教材对反射弧、突触、激素反馈调节等概念的阐释，彰显了其重视概念模式化的特点。中国教材在"生态学"主题下对种群、群落、生态系统等具体概念的阐释，也彰显了其重视概念系统化的特点。

与教材难度一样，教材的广度到底多大才是适宜的？对这一问题人们也难以形成定论，也要以当时当地学生的发展需要为标准。广度并非越大越好，否则教材就与普通的科普读物无异。从实际课堂教学来看，学生并不需要记忆所有细枝末节的信息或孤立的事实，而是需要深入理解从大量事实中概括出的抽象概念和原理，掌握这些概念和原理并能迁移应用于新情境中，以更好地应对未来的挑战，更从容地面对未来的生活。所以教材的广度并非越大越好，而应着眼于学生的概念理解和运用来设计。

第二节　中国高中生物学教材难度分析

一、教材信息

2000年，中国进行了第八次基础教育课程改革，教育部颁布了各个学科的课程标准，依据课程标准编写的各个版本的教材在经教育部教材专家委员会审定后进入中小学课堂。高中生物学科共有5个版本的教材获得审批，可以进入实验区使用。其中用量最大的是份额超过90%的人教版高中生物学教材。其必修模块包括《生物1：分子与细胞》《生物2：遗传与进化》《生物3：稳态与环境》（以下分别简称必修1、必修2、必修3）。

二、教材的难度

本研究利用教材难度分析工具，获得中国高中生物学教材难度的分析数据，如表 3-7 所示。

表 3-7　中国高中生物学教材难度统计

国家	广度/G		深度/S		难度/N	
	总广度值	G_{100}	平均深度值	S_{100}	难度值	N_{100}
中国	257	60	3.875	95	995.875	62

中国教材的百分制难度值为 62，在 10 个国家的教材中排在第 7 位，难度较小。

三、教材的广度

（一）一级主题下的概念分布

本研究利用教材广度分析工具，对中国教材的正文进行分析研究，最终得出其广度值为 257，也就是说，教材中的概念共有 257 个。

中国教材中不同一级主题下的概念分布情况如表 3-8 和图 3-1 所示。

表 3-8　中国高中生物学教材一级主题下的概念分布

一级主题	生命系统的组成	植物学	人体与动物生理学	遗传学	进化	生殖	生态学	实验及生物技术	总计
数量（个）	71	19	62	36	7	18	44	0	257
比例（%）	27.63	7.39	24.12	14.00	2.72	7.00	17.12	0	100.00

从表 3-8 和图 3-1 可以看出，中国教材在"生命系统的组成""人体与动物生理学""生态学"这三个主题下涉及的概念数量较多，比例较高，分别达到 27.63%、24.12% 和 17.12%，"遗传学"主题的概念占比也达到 14.00%，"进化"主题的概念很少，而"实验及生物技术"主题则完全没有涉及。

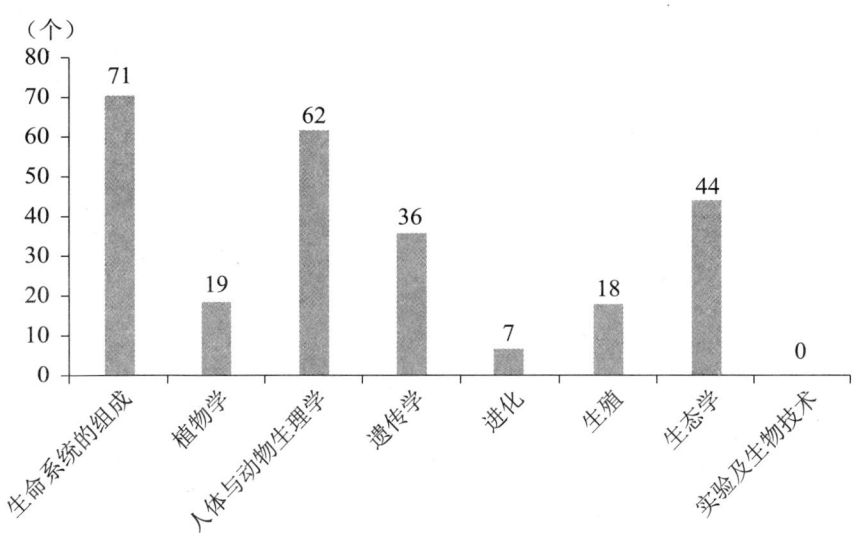

图 3-1 中国高中生物学教材一级主题下的概念分布

(二) 二级主题下的概念分布

中国教材中二级主题下的概念分布情况如表 3-9 所示。

表 3-9 中国高中生物学教材二级主题下的概念分布（单位：个）

一级主题		二级主题	数量	总计
100 生命系统的组成	101	生命元素（C，H，O，N，P）	2	71
	102	有机化合物（例如碳水化合物、蛋白质、核酸、氨基酸、酶等）	28	
		无机化合物	3	
	103	细胞结构与功能	22	
	104	细胞学说	1	
	105	细胞的物质运输	3	
	106	细胞生长和细胞分化	5	
	107	组织和器官	1	
	108	系统	0	
	109	微生物	4	
	110	细胞新陈代谢	0	
	190	其他	2	

续表

一级主题		二级主题	数量	总计
200 植物学	201	营养与光合作用	4	19
	202	呼吸作用	3	
	203	生长/发育/行为	12	
	290	其他	0	
300 人体与动物生理学	301	营养与消化系统	1	62
	302	血液与循环系统	6	
	303	呼吸、呼吸系统与呼吸作用	0	
	304	骨骼和肌肉系统	1	
	305	神经和内分泌系统	37	
	306	健康与疾病/免疫系统	15	
	307	排泄	2	
	308	生长/发育/行为	0	
	390	其他	0	
400 遗传学	401	遗传性状	4	36
	402	孟德尔遗传学	2	
	403	现代遗传学	4	
	404	突变与变异	13	
	405	遗传方式	5	
	406	转录和翻译	8	
	490	其他	0	
500 进化	501	分类	0	7
	502	拉马克学说	2	
	503	现代进化理论	3	
	504	生命起源学说	0	
	505	人类的进化	0	
	506	进化的证据	1	
	507	自然选择	1	
	590	其他	0	

续表

一级主题		二级主题	数量	总计
600 生殖	601	有丝分裂和减数分裂	13	18
	602	无性繁殖	2	
	603	植物的生殖	2	
	604	动物的生殖	0	
	605	人类的生殖	0	
	690	其他	1	
700 生态学	701	种群	8	44
	702	种群动态	3	
	703	群落	8	
	704	生态系统	15	
	705	生态演替	3	
	706	生态环境保护	7	
	790	其他	0	
800 实验及生物技术			0	0

四、教材的深度

本研究利用教材深度分析工具，对三册必修教材的正文进行分析研究，两位研究者的 Kappa 评分者一致性系数为 0.695，说明结果高度一致，十分可信。教材深度值为 3.875。在"遗传学"和"生态学"两个主题下，符合本研究定义的核心概念共有 42 个。这 42 个核心概念的认知水平分布情况如表 3-10 和图 3-2 所示。

表 3-10 中国高中生物学教材中遗传学和生态学核心概念的认知水平分布　　（单位：个）

认知水平	小学	初中	高中	大学	总计
中国	0	12	23	7	42

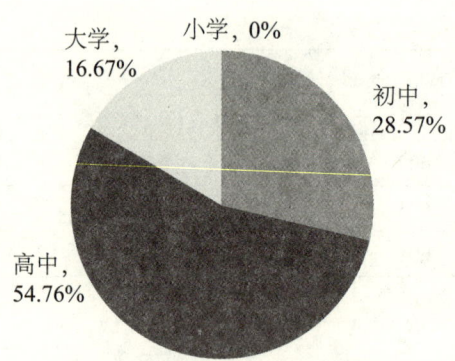

图 3-2　中国高中生物学教材中遗传学
和生态学核心概念的认知水平分布

可见，中国教材中大多数的核心概念是达到高中认知水平的概念，比例高达 54.76%。达到初中、大学认知水平的核心概念比例分别为 28.57% 和 16.67%。

在本研究中，各国教材在"遗传学"主题下达到高中认知水平的核心概念共有 19 个，而中国教材中只出现了 13 个。此外，中国教材中达到大学认知水平的核心概念数量也较少。一些核心概念虽然达到了大学认知水平，但在高中教材中也可以出现。例如，属于"遗传学"主题的"一个基因可以有两种以上的等位形式，但就每一个二倍体的细胞而言，最多只能拥有其中的任意两个"这个核心概念，没有出现在中国教材中，但是在近几年的生物高考试题中，出现了不少以复等位基因为考查背景的基因分离定律试题。这个现象一方面启示我们应进一步关注考试命题与教材内容的一致性，另一方面启示我们在编写教材时可以尝试加入类似概念，只要注重概念编排的螺旋式上升，就不会增大整体难度值。

五、结论

分析中国教材的广度、深度和难度，可以得到如下结论。

（1）中国教材的难度值为 62，在 10 个国家的教材中排第 7 位，难度较小。

（2）在4个亚洲国家中，新加坡教材的难度最大，在10个国家的教材中排第2位，而中国教材的难度最小。

第三节　德国高中生物学教材难度分析

一、教材信息

德国是"国家管理教育"模式的代表。德国是联邦制国家，教育属于各州的文化主权范畴。德国没有统一的教育体制，16个州都设有文化事务部，在中央设有文化事务部部长会议，协调16个州的教育体制。德国联邦州文教部长联合会制定国家级别的课程标准，各州文化事务部再分别根据本州的社会需求来编制课程计划或核心大纲，用于指导教材编写（王荣生，2007）。中小学教材由出版社组织专家编写，出版社编写的教材只有通过州有关部门的审批，并在教材目录中正式公布，才能被学校或教师选择，最终在学校中使用。可以说，德国的教材制度不仅是其教育制度的组成部分，也成为一种现实的法律制度。教材制度是德国国家"文化主权"在学校及课程制度中的具体体现（周丽华，胡劲松，2002）。

现代科学技术的高度发展，促进了科学教育改革理念的更新。科学教育的最终目标是提高人的科学素养。各国由于国情和文化背景的差异，对科学素养的理解不尽相同，从而导致科学教育目标的不同。然而，在这种不同中又存在着共同的特点和总的趋势，这就是STS教育。它强调课程的综合化；注重对科学、技术、社会三者之间关系的理解；课程目标从科学知识扩大到科学过程，包括科学态度、价值观、判断力、审美意识，对科学方法的运用，对社会问题进行正确判断和解决的能力；重视技术，包括信息技术等各种新技术；注重学生的发展及潜能的发掘，包括自主性的形成、个性的发展等（蔡铁权，2002）。

二、教材的难度

本研究利用高中生物学教材广度和深度分析工具，分别统计德国和中国两个国家高中生物学教材的总广度值和平均深度值，并根据教材难度计算公式计算每个国家教材的难度值，结果如表3-11所示。

表3-11　德国与中国高中生物学教材难度统计

国家	广度/G		深度/S		难度/N	
	总广度值	G_{100}	平均深度值	S_{100}	难度值	N_{100}
德国	348	82	4.069	100	1416.012	88
中国	257	60	3.875	95	995.875	62

从表3-11中的数据可以看出，德国教材的广度值远高于中国教材，深度值略高于中国教材，难度值同样远高于中国教材。

三、教材的广度

根据表3-11中的广度值，两国教材的广度可以用图3-3表示。

图3-3　德国与中国高中生物学教材的广度

由图3-3可以看出，中国教材和德国教材在广度上存在差异，中国教材的广度值明显低于德国教材。

两国教材中的概念在生命科学分类细目表中各个一级主题下的分布情况如图3-4所示。

由图3-4可以看出，中国教材和德国教材在八个一级主题下的概念分布情况存在明显差异，主要表现在以下几个方面。

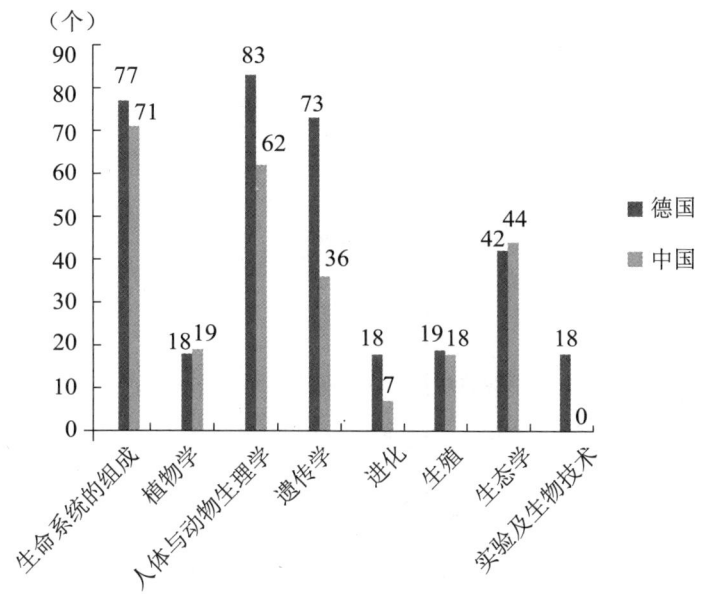

图 3-4 德国与中国高中生物学教材一级主题下的概念分布

- 在"人体与动物生理学"主题下,德国教材中的概念数量高于中国教材,主要体现在"血液与循环系统""神经和内分泌系统""生长/发育/行为"三个二级主题上。

- 在"遗传学"主题下,德国教材中的概念数量高于中国教材,主要体现在"孟德尔遗传学""现代遗传学""转录和翻译"及"其他"四个二级主题上。

- 在"进化"主题下,德国教材中的概念数量高于中国教材,主要体现在"分类""其他"两个二级主题上。

- 在"实验及生物技术"主题下,德国教材中的概念数量高于中国教材,在这一主题下,中国教材未涉及任何概念,德国教材涉及18个概念。

为了更清晰地比较各个主题在相应国家高中生物学教材中所占的比例,本研究将每个主题的广度值除以相应国家教材的总广度值,折合成百分比,结果如图3-5所示。

根据图3-5中的数据,将中国教材中概念在不同主题下的分布情况与

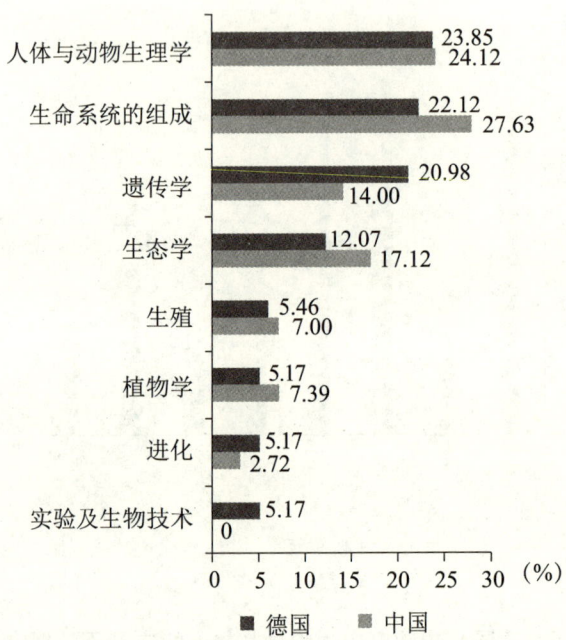

图 3-5　德国与中国高中生物学教材一级主题下的概念构成

德国教材进行比较，检验概念分布的一致性。在比较分析时，利用百分比进行卡方检验，$\chi^2=9.037$，$P=0.263$。

根据卡方检验的结果，中国教材中不同主题的概念所占比例与德国教材无显著差异。二者的区别主要表现在以下几个方面。

- 中国教材中"生命系统的组成"主题的概念所占比例超过了其他各个主题，为 27.63%；德国教材中这一比例为 22.12%。
- 中国教材中"生态学"主题的概念所占比例为 17.12%，德国教材中这一比例为 12.07%。
- 德国教材中"遗传学"主题的概念所占比例为 20.98%，中国教材中这一比例为 14.00%。
- 中国教材未涉及任何有关"实验及生物技术"主题的概念，而德国教材在该主题下涉及 18 个概念，所占比例为 5.17%。

四、教材的深度

根据表 3-11 中的深度值,两国教材的深度可以用图 3-6 表示。

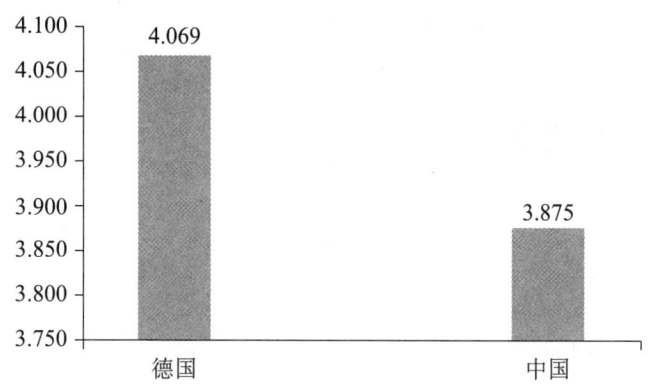

图 3-6　德国与中国高中生物学教材的深度

从图 3-6 可以看出,德国教材和中国教材在深度上存在差异,德国教材的深度值高于中国教材。

中德两国教材中核心概念的认知水平分布情况如表 3-12 所示。

表 3-12　德国与中国高中生物学教材中遗传学和生态学核心概念的认知水平分布　　　（单位:个）

认知水平		幼儿园	小学	初中	高中	大学
遗传学	德国	0	0	3	12	10
	中国	0	0	4.5	13	4.5
生态学	德国	0	0	10	8	6.5
	中国	0	0	7.5	10	2.5

从表 3-12 中的数据可以看出,中国教材对"遗传学"主题有更深入的探讨,涉及更多的遗传学核心概念,其中达到高中和大学认知水平的核心概念教量均超过了"生态学"主题;而在达到初中水平的核心概念数量上,"生态学"主题则超过了"遗传学"主题。这说明在中国教材中"生态学"主题的深度低于"遗传学"主题。

在德国教材中,"遗传学"主题的深度值更高。在达到高中和大学认知水平的核心概念数量上,"遗传学"主题远高于"生态学"主题;而在达到初中水平的核心概念数量上,"遗传学"主题则低于"生态学"主题。这说明在德国教材中"遗传学"主题的深度值高于"生态学"主题。

五、结论与建议

(一) 主要结论

1. 主题内容的编排

中国教材中一级主题的设置与 SEC 工具的框架相似,属于同一主题的概念基本出现在教材的同一单元中。但德国教材则与 SEC 工具的框架差别较大。德国教材将生物学分为若干专业,这就导致同一主题下的各个概念经常出现在教材的不同章节中。

主题内容编排的不同会导致学生生物学知识框架的差异。中国教材会使学生建立与 SEC 工具相似的知识框架,而德国教材会使学生建立与生物学分支专业相对应的知识框架。

两种编排方式各有利弊,具体选取哪种方式需要考虑课程标准对学生知识框架的要求。

2. 核心概念的认知水平分布

中国教材和德国教材中达到高中水平的核心概念都占到了概念总数的 40%—60%。但是二者在达到初中和大学水平的核心概念比例上存在差异。相比中国教材,德国教材中达到大学水平的核心概念占比较高,而达到初中水平的核心概念占比较低,因此德国教材的总体认知水平要求高于中国教材。

中国教材中核心概念的认知水平分布使学生能了解到大学水平的知识,在了解更高层次的概念后更加深入地理解高中水平的知识,同时拓展知识范围。德国教材中核心概念的认知水平分布对学生的要求更高,可能会加重学生的学习负担。

中国教材中核心概念的认知水平设置对于学生认知能力的培养更有利，学生的学习负担更小。德国教材中核心概念的认知水平设置能使学生的知识面得到更大的拓展，更好地培养学生自主学习的能力。两种设置各有利弊，在教学中具体采取哪一种，需要考虑学生实际的认知水平和学习负担水平。

（二）对于中国教材编写和修改的建议

（1）教材内容设置会对学生生物学知识框架的形成产生影响。因此教材在编排上应采用最适合学生学习、最有利于学生理解的顺序和逻辑来设置各章节的内容。也可以尝试打乱不同主题的范围，将原本属于不同主题的概念综合放在同一章节中进行教学。这样既可以使学生很好地理解概念，还可以使学生更准确地把握属于不同主题的概念之间的关系，对学生生物学知识框架的整体构建更加有利。

（2）中国教材中"生态学"主题的内容所占比例较高，这与中国重视保护生态环境的取向有关，这一特色应该保持。为了更好地引导学生重视生态环境，可以考虑在教材中添加更多与生态环境保护或生态问题相关的核心概念，多介绍目前生态环境面临的一些严峻问题，使学生意识到人类活动对于生态环境的重要影响，强调可持续发展的重要性，培养学生保护环境的意识。

（3）中国教材对于"实验及生物技术"主题的关注度较低，这一点需要引起注意和讨论。由于实验及生物技术相关概念的普及有助于学生更好地了解生物学前沿知识，开阔视野，培养科学素养，因此可以考虑在教材编写或修订时适当增加这部分内容的比例，将中国生物产业的发展情况引入生物学教材中。

（4）不同认知水平的核心概念分布情况反映了教材对学生认知水平的要求。因此，在编写教材的过程中应该综合考虑学生的认知水平和学习负担，充分利用各种教学理论，科学合理地设置不同认知水平的核心概念，更好地发挥教材的作用。

第四节 法国高中生物学教材难度分析

一、教材信息

法国从 18 世纪就开始在小学课堂上讲授科学，科学教育在法国从未间断过（皮凤英，2002）。虽然第二次世界大战对法国教育造成了重创，但是，"经过 10 年的恢复建设，法国经济得到了较大的发展，教育改革逐渐被提上日程，并被置于重要地位，课程改革作为教育改革的重要组成部分，也越来越受到法国教育当局的重视"（王淑莲，2005）。1996 年 9 月，15 名科学家和教育家共同推出"动手做"（LAMAP）科学教育计划，对法国的科学教育改革产生了重大影响并取得了良好的效果（杨玉琴，王祖浩，张新宇，2012）。虽然这一计划是针对幼儿园和小学的，但是对于高中阶段的科学教育也具有借鉴意义。

本研究所选择的是法国理科课程中最具代表性的《生命与地球科学》系列教材，共有三册，分别适用于 2 年级、1 年级和结业班。其中，适用于 2 年级和 1 年级的教材由法国最知名的出版社之一纳唐出版社出版，适用于结业班的教材由法国另一家知名出版社博达斯出版社出版。

二、教材的难度

法国和中国高中生物学教材的难度数据如表 3-13 所示。

表 3-13　法国与中国高中生物学教材难度统计

国家	广度/G		深度/S		难度/N	
	总广度值	G_{100}	平均深度值	S_{100}	难度值	N_{100}
法国	144	34	3.821	94	550.224	34
中国	257	60	3.875	95	995.875	62

需要说明的是,对法国教材难度进行评分的两位研究者的评分结果一致,Kappa评分者一致性系数为1.000,表明教材广度数据具有非常高的可信度;两位研究者对教材深度评分结果的Kappa评分者一致性系数为0.901,表明教材深度数据同样十分可信。

从表3-13中的数据可以看出,法国教材的难度值低于中国教材,其广度值同样低于中国教材(法国教材中符合教材广度分析工具计分规则的概念有144个,而中国教材中有257个)。而在深度值上,两个国家的教材几乎没有区别。由此可以看出,中国教材和法国教材的难度差异主要源自二者广度的不同。

三、教材的广度

中国教材的广度大于法国教材。为了进一步了解两国教材的广度差异,本研究对一级主题下概念的分布情况进行了分析(见图3-7)。

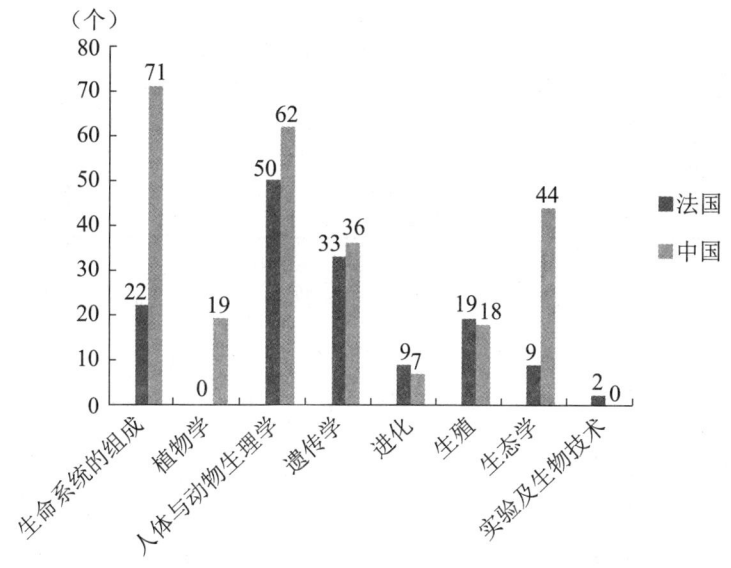

图3-7 法国与中国高中生物学教材一级主题下的概念分布

(一)一级主题下的概念分布

由图3-7可知,在"进化""生殖"和"实验及生物技术"三个一级主题下，法国教材包含的概念数量多于中国教材，但两者的差距不明显；而在其余五个一级主题下，中国教材包含的概念数量均多于法国教材，且两者的差距较为明显。这表明，相对于法国教材而言，中国教材含有更多的符合教材广度分析工具计分规则的概念，其所涉及的范围和领域更为广泛。

此外，在两国教材中，每一个一级主题的广度在教材总广度中所占的比例也不相同（见表3-14）。

表3-14 法国与中国高中生物学教材一级主题下的概念分布

一级主题	法国		中国	
	数量（个）	比例（%）	数量（个）	比例（%）
生命系统的组成	22	15.28	71	27.63
植物学	0	0	19	7.39
人体与动物生理学	50	34.72	62	24.12
遗传学	33	23.57	36	14.00
进化	9	6.43	7	2.72
生殖	19	13.19	18	7.00
生态学	9	6.25	44	17.12
实验及生物技术	2	1.39	0	0

从表3-14中的数据可以看出，法国教材和中国教材中分别有一个一级主题的概念数量为0（法国是"植物学"，中国是"实验及生物技术"），也就是说，这两个国家的教材中缺失相应主题的内容。此外，在中国教材中占比最大的一级主题是"生命系统的组成"，而在法国教材中占比最大的一级主题是"人体与动物生理学"。总之，两国教材中各个一级主题的概念数量在教材中所占的比例并不相同，说明两国教材对于不同主题知识的侧重有所不同。

（二）二级主题下的概念分布

法国教材和中国教材在二级主题下的概念分布情况如表3-15所示。

表 3-15　法国与中国高中生物学教材二级主题下的概念分布　（单位：个）

一级主题		二级主题	法国	中国
100 生命系统的组成	101	生命元素（C，H，O，N，P）	0	2
	102	有机化合物（例如碳水化合物、蛋白质、核酸、氨基酸、酶等）	7	28
		无机化合物	1	3
	103	细胞结构与功能	9	22
	104	细胞学说	0	1
	105	细胞的物质运输	0	3
	106	细胞生长和细胞分化	3	5
	107	组织和器官	0	1
	108	系统	0	0
	109	微生物	1	4
	110	细胞新陈代谢	0	0
	190	其他	1	2
200 植物学	201	营养与光合作用	0	4
	202	呼吸作用	0	3
	203	生长/发育/行为	0	12
	290	其他	0	0
300 人体与动物生物学	301	营养与消化系统	0	1
	302	血液与循环系统	11	6
	303	呼吸、呼吸系统与呼吸作用	0	0
	304	骨骼和肌肉系统	3	1
	305	神经和内分泌系统	20	37
	306	健康与疾病/免疫系统	13	15
	307	排泄	0	2
	308	生长/发育/行为	3	0
	390	其他	0	0

续表

一级主题		二级主题	法国	中国
400 遗传学	401	遗传性状	6	4
	402	孟德尔遗传学	3	2
	403	现代遗传学	5	4
	404	突变与变异	11	13
	405	遗传方式	1	5
	406	转录和翻译	3	8
	490	其他	4	0
500 进化	501	分类	2	0
	502	拉马克学说	0	2
	503	现代进化理论	0	3
	504	生命起源学说	0	0
	505	人类的进化	1	0
	506	进化的证据	0	1
	507	自然选择	2	1
	590	其他	4	0
600 生殖	601	有丝分裂和减数分裂	9	13
	602	无性繁殖	0	2
	603	植物的生殖	0	2
	604	动物的生殖	1	0
	605	人类的生殖	6	0
	690	其他	3	1
700 生态学	701	种群	0	8
	702	种群动态	0	3
	703	群落	1	8
	704	生态系统	6	15
	705	生态演替	0	3
	706	生态环境保护	2	7
	790	其他	0	0
800 实验及生物技术			2	0

从表 3-15 可以看出：法国教材在"血液与循环系统""骨骼和肌肉系统""生长/发育/行为""遗传性状""孟德尔遗传学""现代遗传学""其他"（遗传学）、"分类""人类的进化""自然选择""其他"（进化）、"动物的生殖""人类的生殖"和"其他"（生殖）14 个二级主题上的广度大于中国教材，但两者的差异并不明显。其中，在"血液与循环系统""骨骼和肌肉系统""生长/发育/行为""动物的生殖""人类的生殖""其他"（生殖）6 个二级主题上，中国教材的广度之所以小于法国教材，是因为中国教材将这些内容归入了初中教材的范围；在其他 8 个二级主题中，中国教材和法国教材在"遗传性状""孟德尔遗传学""其他"（遗传学）和"其他"（进化）4 个二级主题上存在较大差异（中国教材在相应主题下缺失了一些概念），具体表现在以下几个方面。（1）中国教材及相关的练习和测试中出现了诸如共显性、不完全显性、杂交、测交、等位基因之类的概念，但却缺少详细的概念阐释。在这种情况下，让学生构建相关的概念不符合学习进阶理论中概念构建的原理，不利于学生对于相关知识的掌握、理解和应用（与教材的深度相关）。这也说明，教材的广度和深度之间存在着一种辩证关系，两者是相辅相成、相互影响的，并不只是影响教材难度的两个相互独立的因素。（2）在"其他"（遗传学）和"其他"（进化）两个二级主题下，法国教材涉及的领域和范围比中国教材更广、更细。

在上述 14 个主题之外的大多数二级主题上，中国教材的广度明显大于法国教材。分析表 3-15 可以发现，法国教材中缺少了很多有关生物学基础知识的概念。这也是法国教材的广度在 10 个国家中排名最末的一个非常重要的原因。但是，这并不表明法国教材在生物学基础知识方面存在严重的缺失。因为，"法国高中的目标在传统意义上是十分明确的，即赋予学生以坚实的普通文化。它对教学内容有着严格的要求，首先注重的是学科的质量，思维的严谨"（张廷凯，2009）。这在教材的设计思路和知识呈现的具体方式上有很好的体现。

四、教材的深度

通过分析法国教材是否对相关核心概念进行了详尽的阐述,并决定是否对其赋值,本研究最终得出了法国教材的深度值。结合中国教材的深度值,可以发现中国教材的深度值高于法国教材,但二者的差异不明显。

虽然两个国家教材的深度值没有明显差异,但在"遗传学"和"生态学"两个一级主题的深度值以及不同认知水平核心概念的数量上,两国教材却出现了较大的差异。

(一) 总体深度

两国教材中"遗传学"和"生态学"两个一级主题的深度值如表3-16所示。

表3-16 法国与中国高中生物学教材中"遗传学"和"生态学"主题的深度

一级主题	遗传学	生态学
法国	4.309	3.333
中国	4.000	3.750

从表3-16中的数据可以看出,在"遗传学"主题上,两国教材的深度值等于或略高于4(高中认知水平),其中法国教材的深度值高于中国教材,而中国教材更加接近应有深度值。在"生态学"主题上,两国教材的深度值都略低于4(高中认知水平),其中中国教材的深度值高于法国教材,同时也更加接近应有深度值。

综合以上分析可以看出:两国教材在"遗传学"和"生态学"两个主题上的深度值无明显差异,中国教材在两个主题上的深度值都更加接近高中教材应有的深度值。

(二)"遗传学"主题的深度

对两个国家教材中"遗传学"主题下达到不同认知水平的核心概念数

量进行统计，结果如表 3-17 所示。

表 3-17　法国与中国高中生物学教材中遗传学核心概念的认知水平分布

认知水平		幼儿园	小学	初中	高中	大学
法国	数量（个）	0	0	1	12.5	7.5
	比例（%）	0	0	4.76	59.52	35.71
中国	数量（个）	0	0	4.5	13	4.5
	比例（%）	0	0	20.45	59.09	20.45

注：概念数取两位研究者评分数据的平均值，因此会出现小数。

需要说明的是，根据本书绪论部分介绍的教材深度分析工具计分规则，本研究中高中生物学教材深度的理论值应为 4。因此，教材中出现的幼儿园、小学和初中认知水平的核心概念是导致教材深度值降低的因素，而教材中出现的大学水平的核心概念则是导致教材深度值升高的因素。也就是说，如果两个国家的教材具有相同数量的高中和大学水平的核心概念，则具有更多幼儿园或小学、初中水平的核心概念的教材深度值更低；相反，如果两个国家的教材具有相同数量的幼儿园、小学和初中水平的核心概念，则具有更多高中或大学水平的核心概念的教材深度值更高。

根据表 3-17 中的相关数据，可以得出以下结论。在"遗传学"主题上，法国教材和中国教材的核心概念都集中在初中、高中和大学水平上，其中高中水平的核心概念数量及其所占比例最大。两个国家的教材中其他认知水平的核心概念数量则有所不同。法国教材中幼儿园和小学水平的核心概念数量为 0，初中水平的核心概念只有一个，而高中和大学水平的核心概念数量比较多，这两个水平的核心概念的比例之和达到了 95.23%，因此法国教材中"遗传学"主题的深度值比较高。

（三）"生态学"主题的深度

对两个国家教材中"生态学"主题下达到不同认知水平的核心概念数

量进行统计，结果如表 3-18 所示。

表 3-18　法国与中国高中生物学教材中生态学核心概念的认知水平分布

认知水平		幼儿园	小学	初中	高中	大学
法国	数量（个）	0	0	6	3	0
	比例（%）	0	0	66.67	33.33	0
中国	数量（个）	0	0	7.5	10	2.5
	比例（%）	0	0	37.50	50.00	12.50

中国教材在"生态学"主题下涉及了初中、高中和大学认知水平的核心概念，没有涉及幼儿园和小学水平的核心概念；法国教材在"生态学"主题下只涉及了初中和高中水平的核心概念，没有涉及幼儿园、小学和大学水平的核心概念。此外，两个国家的教材中涉及最多的核心概念分别属于高中水平和初中水平。由此可以看出，相对于法国教材，中国教材中含有更多高中和大学水平的核心概念；所以在"生态学"主题上，中国教材的深度值高于法国教材。

然而，中国教材中"生态学"主题的深度值为 3.750，虽然高于法国教材，但仍低于高中教材应有的深度值。

五、结论与建议

（一）主要结论

（1）中国教材的难度大于法国教材。

（2）同两个国家教材难度的比较结果相同，中国教材的广度大于法国教材。这说明中国教材中出现的符合教材广度分析工具计分规则的概念数量多于法国教材。两个国家教材广度和难度比较的结果是一致的，可见两国教材广度对其难度的影响较大。

（3）中国教材的深度大于法国教材。整体来看，中国教材中含有更多的高中和大学认知水平的核心概念，以及更少的幼儿园、小学和初中水平的核心概念。

（4）教材的广度和深度之间存在辩证关系，两者是相辅相成、不可分割的。教材广度的变化最终会影响教材深度，反过来，教材深度的变化最终也会影响教材广度。

（二）对中国教材编写的建议

（1）广度方面：一方面，中国高中生物学教材要增加对遗传学相关概念的阐释。例如，不完全显性、杂交、测交、等位基因等概念与遗传学知识密切相关，学习这些概念有助于学生构建遗传学的相关知识框架。在中国教材中虽然多次出现了以上概念，但缺少对这些概念的详细阐释。另一方面，中国高中生物学教材的编写可以考虑进一步丰富有关进化的内容。"生物进化论是中学生物学教学中一个重要的知识点"，对学生理解并解释相关的自然现象有重要作用（孔凡哲，王郢，2006）。与法国和其他发达国家的高中生物学教材相比，中国教材中这一部分的内容并不丰富。

（2）深度方面：中国高中生物学教材的编写可以考虑将学科交叉知识融入教材。法国教材本身就是将生物科学与地理科学融合在一起进行编写的，在教材内容选择和编排方式上比较注重不同学科知识的交叉，而学科交叉有利于培养学生处理综合性事务的能力。这对中国高中生物学教材的编写具有借鉴意义。

第五节　英国高中生物学教材难度分析

一、教材信息

英国作为科学教育发祥地，早在 1989 年就正式颁布了英国历史上首部《国家科学教育课程标准》。此后经过多次修订和完善，英国政府又于 2000 年公布了面向新世纪的《国家科学教育课程标准》。英国的科学教育具有十分悠久的历史，在普通教育中占有十分重要的地位。早在 17 世纪，英国的中等学校中就出现了自然科学的思想。在18—19世纪，政府一直鼓励在一些学校开设自然科学课程。1903年的《中学章程》更是明确把科学列为中学应当开设的9门课程之一。但是，在《1944年教育法》颁布后的几十年中，多元化成为英国中小学课程的共同而显著的特征，导致英国的科学教育长期缺乏统一的课程标准。1988年英国议会通过《教育改革法》，规定在全国中小学实施"国家课程"。国家课程由10门学科组成。其中，"核心学科"有3门，即英语、数学和科学；"基础学科"有7门，即历史、地理、技术、美术、音乐、体育和现代外语。把科学与英语、数学并列为3门核心学科，这在英国课程史上是前所未有的。这既反映了社会发展的要求和趋势，也体现出英国政府对科学教育的充分重视和深刻理解。

英国新版《国家科学教育课程标准》指出，科学课程对学生的重要意义在于：第一，促进学生精神、道德及社会和文化方面的发展；第二，发展学生的主要技能，如交流、使用数据和信息通信技术（ICT）的能力；第三，促进学生其他方面能力的发展，如思维能力、专门技能、学习能力、接受可持续发展教育的能力。"科学探究"是《国家科学教育课程标准》中极富特色的一个部分。除此之外，英国的科学教育还具有以下特点。

（1）大众化的科学教育观念。英国的科学课程面向全体学生，充分考虑学生的个体差异，课程标准既有共同的核心内容，又为有不同学习要求的学生编制了不同的学习计划，为成功实施提高全体公民科学素养的科学教育提供了保障。它体现了先进的科学教育观念，与世界上基础科学教育的发展趋势相一致。

（2）智能化的发展目标。英国的科学教育由单纯的知识性目标转向知识性目标和过程性目标并重，重视在观察、量度、描述、预测、实验、分析和解释等科学探究过程中促进学生的发展，强调科学方法、科学态度和科学探究能力的培养。这就消除了以往把科学基础知识、基本概念的讲授作为唯一目标所导致的课程内容僵化、学生学习呆板的弊病。课程目标的智能化顺应了社会进步的要求。

（3）个性化的教学原则。国家科学课程，是各地学校设计符合学生个体和群体特点的科学教学的出发点。英国《国家科学教育课程标准》强调为所有学生提供有效的学习机会，必要时，教师可以修改学习计划，即在设计、实施和评价教学的每一个过程中，都要以个性化为原则，灵活处理、满足极富个性差异的学生的多样化学习要求。同时，个性化的教学原则也保证了国家课程的有效实施（胡献忠，2001）。

英国的教材制度没有相关的法律文件，各校自行制定有关教材选用等问题的程序。教材的选用权从法律上讲属于地方教育当局，但实际上是听凭各校自由选择。教材的编写不是为了满足规定的课程计划和课程标准的要求，而是为了满足师生的现实需要，由此导致教材在内容、结构和表述方式等方面存在较大的差异，而且教材种类繁多、规格不一。对于教材的选用，学校的管理规则中规定的校长的权限较多，但校长仍然会征询教师的意见，具体的选用方法各校仍有不同。在英国，教材的选用不是特别重要的问题，教材在展览中心或教师中心展出，教师可以自由地研究。

本研究选择牛津大学出版社出版的《二十一世纪科学》作为英国高中生物学教材研究的对象。这套教材被英格兰和威尔士大约1000所学校选用，由教师、学校和学院合作开发。全书共296页，分为7章，分别为"你和你的基因"（you and your genes）、"保持健康"（keeping healthy）、"地球上的生命"（life on earth）、"生命过程"（the processes of life）、"生长和发育"（growth and development）、"脑与心智"（brain and mind）、"其他生物学知识"（further biology）。本研究通过对英国各个版本的教材进行了解论证，最终选取了这套由最有代表性的出版社出版的最有代表性的教材。

二、教材的难度

本研究利用高中生物学教材广度和深度分析工具,分别统计英国和中国两个国家高中生物教材的总广度值和平均深度值,并根据教材难度计算公式计算每个国家教材的难度值,结果如表 3-19 所示。

表 3-19 英国与中国高中生物学教材难度统计

国家	广度/G		深度/S		难度/N	
	总广度值	G_{100}	平均深度值	S_{100}	难度值	N_{100}
英国	232	55	3.419	84	793.208	49
中国	257	60	3.875	95	995.875	62

从表 3-19 中的数据可以看出,中国教材的广度值和深度值略高于英国教材,两国教材在难度值上存在一定的差异,但差距不大。

三、教材的广度

根据表 3-19 中的广度值,两国教材的广度可以用图 3-8 表示。

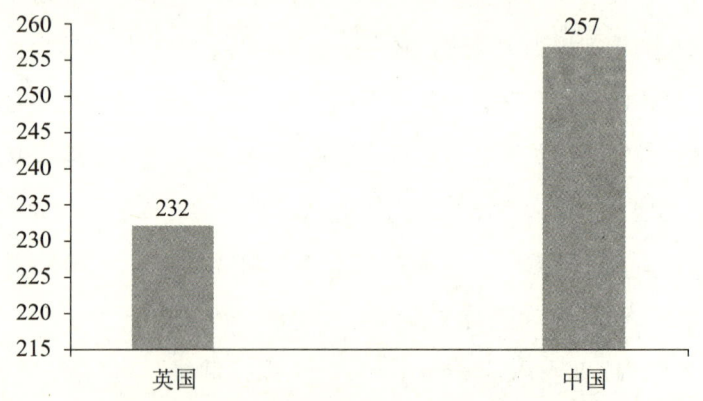

图 3-8 英国与中国高中生物学教材的广度

由图 3-8 可以看出,中英两国教材在广度上存在一定差异,中国教材的广度值高于英国教材。

两国教材中的概念在生命科学分类细目表中各个一级主题下的分布情况如图 3-9 所示。

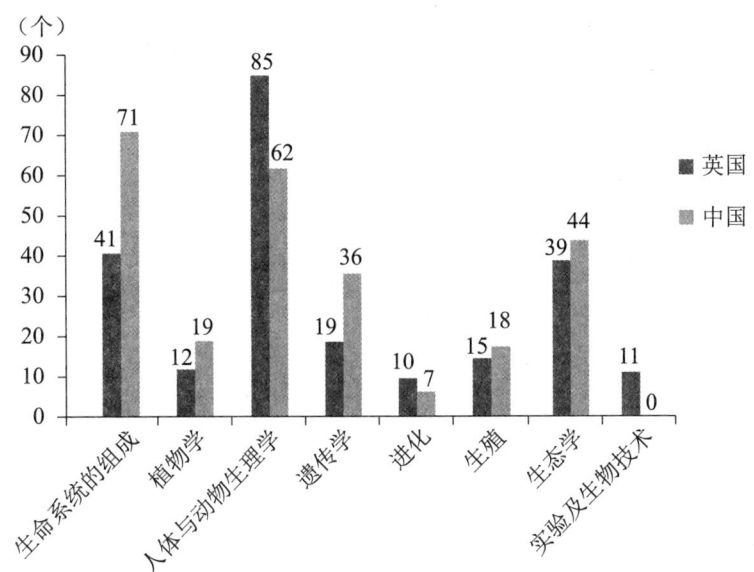

图 3-9 英国与中国高中生物学教材一级主题下的概念分布

由图 3-9 可以看出，中国教材和英国教材在八个一级主题下的概念分布情况存在一定的差异，主要表现在以下几个方面。

- 在"生命系统的组成"主题下，中国教材中的概念数量高于英国教材，主要体现在"有机化合物""细胞的结构与功能"两个二级主题上。
- 在"人体与动物生理学"主题下，英国教材中的概念数量高于中国教材，主要体现在"血液与循环系统""骨骼和肌肉系统""生长/发育/行为"三个二级主题上。
- 在"遗传学"主题下，中国教材中的概念数量高于英国教材，主要体现在"突变与变异""遗传方式""转录和翻译"三个二级主题上。
- 在"实验及生物技术"主题下，英国教材中的概念数量高于中国教材，在这一主题下，中国教材未涉及任何概念，英国教材涉及 11 个概念。

为了更清晰地比较各个主题在相应国家高中生物学教材中所占的比例，本研究将每个主题的广度值除以相应国家教材的总广度值，折合成百分比，结果如图 3-10 所示。

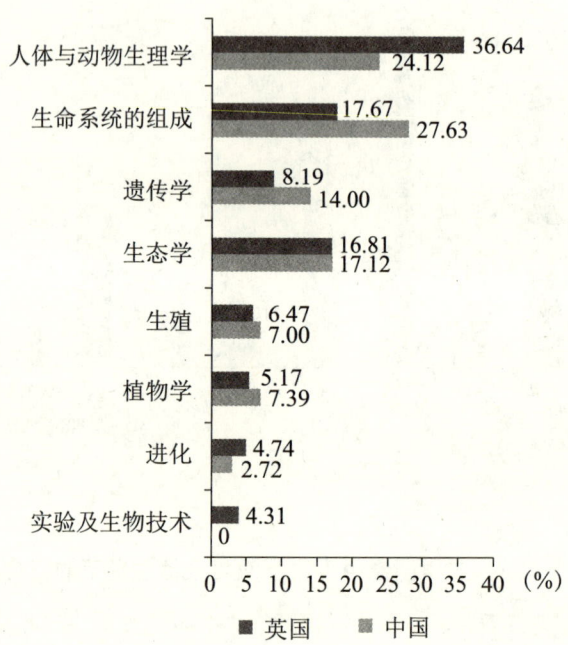

图 3-10　英国与中国高中生物学教材一级主题下的概念构成

根据图 3-10 中的数据，将中国教材中概念在不同主题下的分布情况与英国教材进行比较，检验概念分布的一致性。在比较分析时，利用百分比进行卡方检验，$\chi^2 = 12.052$，$P = 0.088$。

根据卡方检验的结果，中国教材中不同主题的概念所占比例与英国教材无显著差异。二者的区别主要表现在以下几个方面。

- 中国教材中"生命系统的组成"主题的概念所占比例最高，为 27.63%，英国教材中这一比例为 17.67%。一致性分析结果表明，两国教材在这一主题下的概念分布情况无显著差异。

- 英国教材中"人体与动物生物学"主题的概念所占比例最高，为 36.64%，中国教材中这一比例为 24.12%。一致性分析结果表明，两国教材在这一主题下的概念分布情况无显著差异。

- 中国教材未涉及任何有关"实验及生物技术"主题的概念，而英国教材在该主题下涉及 11 个概念，所占比例为 4.31%。

四、教材的深度

根据表 3-19 中的深度值，两国教材的深度可以用图 3-11 表示。

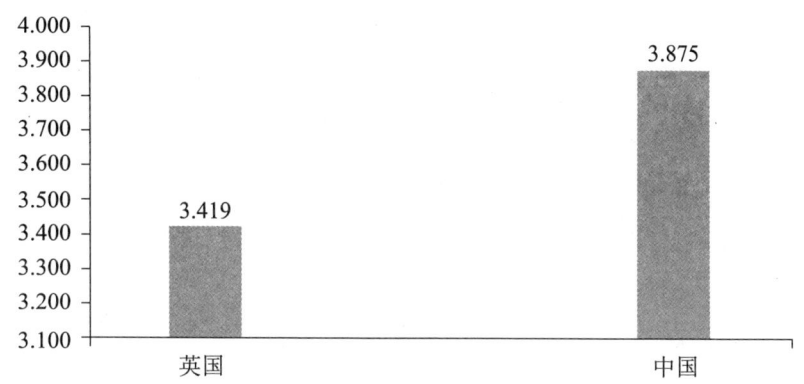

图 3-11　英国与中国高中生物学教材的深度

从图 3-11 可以看出，中英两国教材在深度上存在一定的差异，中国教材的深度值高于英国教材。

在本研究中，高中生物学教材的深度取"遗传学"和"生态学"两个主题深度的平均值。为了分析英国教材和中国教材的深度差异具体体现在哪里，本研究分别统计了两国教材在这两个主题下的核心概念认知水平分布情况，结果如表 3-20 所示。

表 3-20　英国与中国高中生物学教材中遗传学和生态学核心概念的认知水平分布　（单位：个）

认知水平		幼儿园	小学	初中	高中	大学
遗传学	英国	0	1	6.5	14	1
	中国	0	0	4.5	13	4.5
生态学	英国	0	3	11	6.5	0
	中国	0	0	7.5	10	2.5

从表 3-20 中的数据可以看出，中国教材对"遗传学"主题有更深入的探讨，涉及更多的遗传学核心概念，其中达到高中和大学认知水平的核心概念数量均超过了"生态学"主题；而在达到初中水平的核心概念数量上，"生态学"主题则超过了"遗传学"主题。这说明在中国教材中"生态学"主题的深度低于"遗传学"主题。

在英国教材中，"遗传学"主题的深度值更高。在达到小学和初中认知水平的核心概念数量上，"遗传学"主题均低于"生态学"主题；而在达到高中和大学水平的核心概念数量上，"遗传学"主题则远高于"生态学"主题。这说明在英国教材中"遗传学"主题的深度值高于"生态学"主题。

五、结论与建议

（一） 主要结论

（1）英国教材的难度小于中国教材。

（2）从核心概念的分布来看，中国教材和英国教材中达到高中认知水平的核心概念都占到了核心概念总数的 40%—60%。但是二者在达到初中和大学水平的核心概念比例上存在差异。相比中国教材，英国教材中达到初中水平的核心概念占比较高，而达到大学水平的核心概念占比较低，因此中国教材的总体认知水平要求高于英国教材。

中国教材中核心概念的认知水平分布使学生能更多地了解大学水平的知识，在了解更高层次的概念后更加深入地理解高中水平的知识，同时拓展知识范围。英国教材中核心概念的认知水平分布对学生的要求较低，有利于在较低的认知水平上使学生更充分地学习高中水平的知识，在一定程度上减轻了学生的学习负担。

中国教材中核心概念的认知水平设置对于学生认知能力的培养更有利，能拓展学生的生物学知识面。英国教材中核心概念的认知水平设置使得学生的学习负担更小,但是可能不利于学生掌握适宜认知水平的核心概念。两种设置各有利弊,在教学中具体采取哪一种,需要考虑学生实际的认知水平和学习负担水平。

(二) 对于中国教材编写和修改的建议

(1) 在教材内容设置上可以尝试不将各个主题的概念完全分割开来。对属于不同主题、难度较低、比较容易理解的概念可以打乱主题的范围,综合放在同一章节中进行教学。这样既可以使学生很好地理解概念,还能使学生更准确地把握属于不同主题的概念之间的关系,对于学生整体生物学知识框架的构建更加有利。

(2) 在内容讲解上,可以考虑降低概念讲授的比例,突出对于原理的理解和实际应用的要求。因为降低用于概念讲解的比例,能引导学生将注意力更少地放在概念背诵上,更多地关注概念或技术应用,并尝试用所学知识解决实际问题,对于引导学生应用所学知识非常有效,有助于提高学生的能力和生物学综合素养。

(3) 中国教材中"生态学"主题的内容所占比例较大,这与中国重视保护生态环境的取向有关,这一特色应该保持。为了更好地引导学生重视生态环境,可以考虑在教材中添加更多与生态环境保护或生态问题相关的核心概念,多介绍目前生态环境面临的一些严峻问题,使学生意识到人类活动对于生态环境的重要影响,强调可持续发展的重要性,培养学生保护环境的意识。

(4) 中国教材对于"实验及生物技术"主题的关注度较低,这一点需要引起注意和讨论。由于实验及生物技术相关概念的普及有助于学生更好地了解生物学前沿知识,开阔视野,培养科学素养,因此可以考虑在教材编写或修订时适当增加这部分内容的比例,将中国生物产业的发展情况引入生物学教材中。

(5) 不同认知水平的核心概念分布情况反映了教材对学生认知水平的

要求。因此，在编写教材的过程中应该综合考虑学生的认知水平和学习负担，充分利用各种教学理论，合理科学地设置不同认知水平的核心概念，更好地发挥教材的作用。

第六节　日本高中生物学教材难度分析

一、教材信息

日本的高中教学采用"大综合"体系，将物理、化学、生物、地学四个学科合为一体，称为理科。"二战"后日本进行了多次中小学课程改革，以适应日本社会、经济、科技不断发展的新形势（国家教委情报研究室，1988）。

进入21世纪，日本的课程改革面向未来，立足于培养儿童的"生存力"，提倡创造一种轻松宽裕的生活环境。其基本方针是大力加强探究活动，在探究能力培养上要求学生掌握诸如提出假说、设计实验、信息收集、数据处理等探究方法，在信息处理中有效利用计算机技术，完成研究报告并进行发布和交流（周丽威，2008）。

1999年日本颁布了新制定的《高中学习指导要领》，并于2003年开始实施（周丽威，宋金枝，王亚娣，2009）。《高中学习指导要领》中涉及生物学的课程包括理科基础、理科综合B、生物1、生物2。而生物学的核心内容集中在生物1和生物2中，这两门课程的生物学知识体系更完整、更系统，更多地渗透了生物学核心内容和最新的研究成果，同时重视培养学生的能力。目前在日本被广泛采用的生物1、生物2教材有多个版本，包括东京书籍出版社、第一学习社、数研社、大日本图书出版社等机构推出的版本。其中东京书籍出版社推出的《生物Ⅰ》《生物Ⅱ》（简称东书版）影响范围最广、最具有代表性，本研究选取这套教材作为日本高中生物学教材研究的分析对象。

日本东书版高中生物学教材分为《生物Ⅰ》《生物Ⅱ》两册。每册教材按照编、章、节的层级进行编排。《生物Ⅰ》分为6编，分别为：细胞、生殖与发育、遗传、刺激与动物体的反应、内环境与稳态、刺激与植物体的适应。《生物Ⅱ》分为5编，分别为：生命活动的物质基础、遗传信息及其发现、生物的多样性、生物的群体、课题研究。

二、教材的难度

本研究利用高中生物学教材广度和深度分析工具，分别统计日本与中国高中生物学教材的总广度值和平均深度值，并根据教材难度计算公式计算每个国家教材的难度值，结果见表3-21。

表3-21 日本与中国高中生物学教材难度统计

国家	总广度值	平均深度值	难度值
日本	316	3.909	1235.244
中国	257	3.875	995.875

从表3-21可以看出，日本教材在广度值和深度值上均超过了中国教材，所以其难度值也高于中国教材。

三、教材的广度

中日两国教材中各个一级主题下的概念分布情况如表3-22所示。

表3-22 日本与中国高中生物学教材一级主题下的概念分布

	一级主题	生命系统的组成	植物学	人体与动物生理学	遗传学	进化	生殖	生态学	实验及生物技术
日本	数量（个）	71	26	89	39	31	24	34	2
	比例（%）	22.47	8.23	28.16	12.34	9.81	7.59	10.76	0.63
中国	数量（个）	71	19	62	36	7	18	44	0
	比例（%）	27.63	7.39	24.12	14.00	2.72	7.00	17.12	0

从表3-22中的数据可以看出，中日两国教材中"生命系统的组成"

与"人体与动物生理学"两大主题下的概念数量占到教材概念总数的一半以上,这可能是由学科知识结构本身造成的。在比较分析时,先将不同主题的广度值除以相应国家教材的总广度值,折合成百分比,进行卡方检验,$P=0.426$。由此可知,中日两国教材中的概念在不同主题下的分布情况没有显著差异,具有较高的一致性。

相对于中国教材而言,日本教材的难度值、广度值和深度值都更高,在知识内容上具有"宽而深"的特点。

中国教材总体知识内容较窄,在257个概念中,被归为"其他"类的共有10个,分别为拟核、渗透压、质壁分离与复原、发酵、胚芽鞘、顶端优势、极性运输、自身免疫病、无丝分裂和营养级。由于中国教材是对生命科学知识分类细目表进行调试的重要依据,所以其"其他"类的概念数量并无太多比较价值。

相对于中国教材,日本教材涉及了较宽的领域,共有316个概念,其中被归为"其他"类的共有101个,在各大主题下均有分布(见图3-12)。因为生命科学知识分类细目表以中国教材为重要依据,所以可以认为这些"其他"类概念是对中国教材相关主题的扩充。日本教材对"生命系统的组成""人体与动物生理学""进化"三个主题均有较为明显的拓宽。其中"进化"主题下的"其他"类概念比生命科学知识分类细目表内原有的概念多了一倍。

分主题比较中日两国教材中的概念数量(见图3-13),可以看到中国教材除了"生态学"主题的概念多于日本教材外,其他主题的概念均较日本教材少,在"进化"及"人体与动物生理学"两个主题上这种差异尤为明显。

中日两国教材在广度上的差异主要体现在对进化、胚胎发育内容的不同处理上。

"进化"在中国教材中作为"遗传学"的附属内容,占到1章共2节

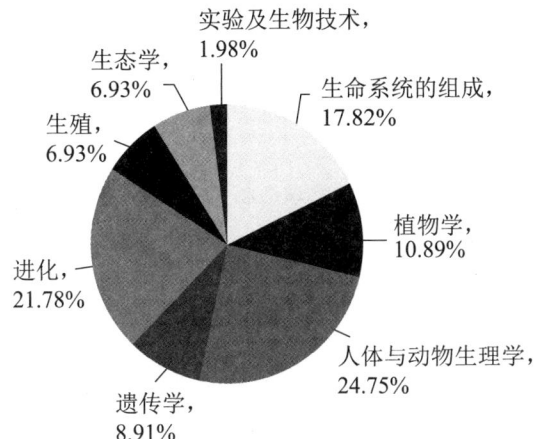

图 3-12　日本高中生物学教材中"其他"类概念在各主题下的分布

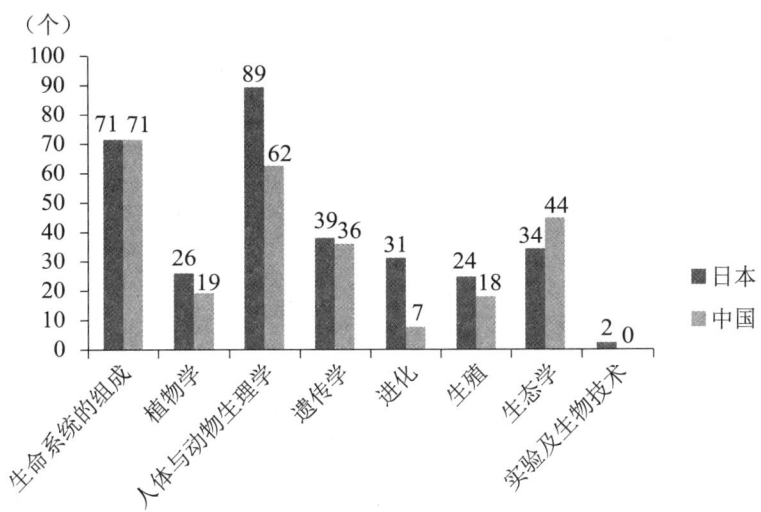

图 3-13　日本与中国高中生物学教材一级主题下的概念分布

（3 册教材共有 18 章）的篇幅，主要介绍了现代生物理论，没有涉及"分类""生命的起源"与"人类的进化"等内容。

而日本教材中"进化"占到 1 编（2 册教材共有 11 编）的篇幅，编标题为"生物的多样性"，包括"生物的进化""生物的进化与系统"两章。除了"人类的进化"没有涉及外，日本教材涉及了生命科学知识分类细目表中的各部分内容，同时对分类条目有所细化，并在"其他"类目中有很大扩充。中日两国教材"进化"主题下各个二级主题的概念分布情况如表 3-23 所示。

表 3-23　日本与中国高中生物学教材"进化"主题下的概念分布

一级主题	二级主题		日本		中国	
			广度值	总计	广度值	总计
500 进化	501	分类	13	31	0	7
	502	拉马克学说	2		2	
	503	现代进化理论	3		3	
	504	生命起源学说	1		0	
	505	人类的进化	1		0	
	506	进化的证据	1		1	
	507	自然选择	2		1	
	590	其他	8		0	

对于胚胎发育的有关内容，日本教材更是将其渗透到教材的各个部分，将生殖、遗传、细胞分裂等内容与胚胎发育相联系。这也是日本教材广度较大的一个原因。

日本教材重视进化、胚胎发育内容的倾向与日本的文化和课改目标均有某种程度的联系。日本在 1996 年第 15 次中央教育审议会上确定的教育发展基本方向为，在"宽松"的环境中培养学生的"生存能力"，而培养学生具有丰富的人性、社会性及作为日本人生存于国际社会的意识则是课改的重要目标之一。不管是"进化"还是"发育"，都是从历史或个体的角度对学生渗透发展的观点：现在的生物体的特征是经过漫长的发展形成的，进化与发育有着千丝万缕的联系。强化这些内容可以培养学生对生命的尊重和珍惜，同时帮助学生从发展变化的角度思考、分析生物学现象。

四、教材的深度

中日两国教材在平均深度值上差异并不明显。通过对两国教材中各个认知水平的概念数量进行统计，得到表 3-24，从中可以看到两国教材在深度上其实存在着比较明显的差异。

表 3-24　日本与中国高中生物学教材中遗传学和生态学核心概念的认知水平分布　　（单位：个）

认知水平		幼儿园	小学	初中	高中	大学
遗传学	日本	0	1	5	14.5	9
	中国	0	0	4.5	13	4.5
生态学	日本	0	2.5	12	8.5	9
	中国	0	0	7.5	10	2.5

通过对比各认知水平的核心概念数量，可以更加明显地发现，日本教材在"遗传学"和"生态学"主题下都涉及了较多达到大学水平的核心概念。而另一个值得关注的现象则是达到较低水平，即小学、初中水平的核心概念，在日本教材中也出现得比较多。

分析以上现象，可以看出日本教材在核心概念呈现方面遵循由浅入深的规律。日本教材在正文中会设置一些引导性内容，对学生从生活中获得的模糊概念进行归纳，对小学和初中阶段学过的相关知识进行总结，可能正是这些内容拓宽了日本教材中核心概念的认知水平分布范围。这样的设计更便于学生结合已有知识，对新学的核心概念进行重组。所以单纯从核心概念的深度上说，日本教材达到了一个比较深入的层面。但是，较浅核心概念的出现也拉低了教材深度的平均值。这种由浅入深循序渐进的组织方式，可以在一定程度上降低学生理解概念的难度。

相应地，中国教材中的核心概念集中在初中、高中认知水平上，其中又以高中水平为主，较少出现更浅或更深的核心概念（见图 3-14）。

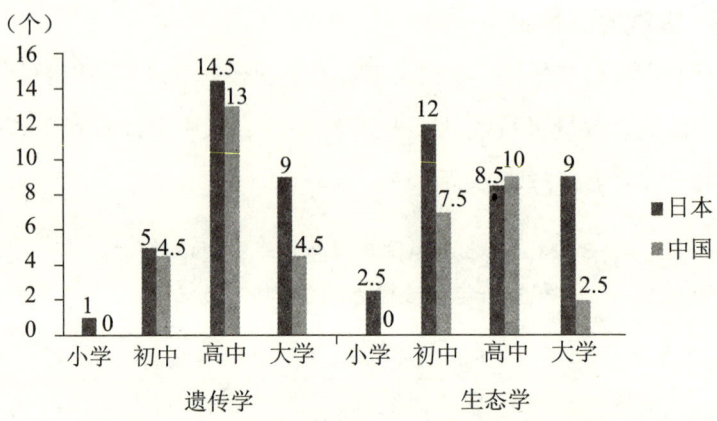

图 3-14 日本与中国高中生物学教材中遗传学和生态学核心概念的认知水平分布

五、结论与建议

以上比较研究结果表明，中国教材相对于日本教材来说有着"窄而浅"的特点。根据研究结果，本研究对中国教材的编写提出以下建议。

（一）维持现有广度，适当增加深度

好的教材要选择人类文化知识积淀中的精华，选择那些适合学生身心发展特征、符合社会发展需要、体现时代特征的内容。教材的编写，即是对知识的挑选与提炼。美国"2061"计划认为，如果我们希望学生学好一门学科，就必须大幅度地减少当前教学内容的绝对数量。所以教材不宜设置过大的广度。建议中国教材维持原有广度，同时删掉不必要的细节，将技术词汇限于基本概念，以此来重新分配教材各部分内容所占的篇幅，让学生把重点放在理解重要的事实、原理及其应用上，而非耗费精力去学一些表面化的知识，从而能够利用有限的时间和资源最大限度地提高学生的科学素养。

在教学过程中，虽然不宜教授明显超出学生理解水平的内容，但过于简单的问题也会阻滞学生的发展。因此，在教材编写过程中，应根据不同阶段学生对于概念的理解水平，呈现相应深度的概念。概念表述过深或过

浅都是不可取的，过深会超越学生发展水平，导致学生课业负担加重，过浅则将难以满足学生的需求。中国教材总体偏浅，这样要么会导致学生"吃不饱"，要么会导致教师为了照顾学生水平而令教学与教材脱节，所以本研究建议适当加大教材深度。

同时，在对概念进行表述时，弱化专业名词和术语的使用有利于在不增加广度的前提下拓展教材的深度（刘恩山，张颖之，2010）。例如，在对"自身免疫病"这一概念进行解释时，可以要求学生理解"由于免疫系统异常敏感、反应过度、'敌我不分'地将自身物质当作外来异物进行攻击而引起的疾病"，以及"某些人吸入花粉会引起皮肤或者呼吸上的不适"，可以不出现"自身免疫病"这个术语，也就不需要学生记住这个名词及其精确的定义。这样来对概念进行表述还可以体现概念发展的连续性，体现不同概念层级上的区别。

（二）注重"由浅入深"地表述概念，加强螺旋式编排

中国教材中的概念在总体偏浅的同时还体现出集中于初中、高中认知水平的特点。在对教材进行设计时，一方面要考虑学生的平均理解水平，另一方面还应该照顾到更多的学生。"由浅入深"地表述概念的好处在于可以增加对于学生差异的包容程度：对于那些理解能力发展较慢的学生，引入较浅的概念可以帮助他们建立与之前知识的联系，有利于知识的迁移，能降低其理解概念的难度；而对于那些理解能力发展较为超前的学生，学习一些较为深入的概念可以增强他们的成就感，提高他们学习生物学的兴趣和动力水平。所以编写教材时，在纵向上对概念进行加深的同时，也可以适当安排一些层次较浅的、结合学生已有概念的、对学生理解深层概念有帮助的表述，从而增加教材对学生的包容度。

此外，在概念的组织编排上可以进行一些螺旋式上升的设计。布鲁纳认为课程和教材应该根据学生当前认知发展水平来进行剪裁、排列和具体化，使知识改造成为一种与学生认知发展水平相契合的形式，因此他提出

了螺旋式的教材编写方法（马学斌，2003）。不管是科学技术的发展规律还是青少年对于事物的认知发展规律，都体现出螺旋上升的特点。教材编排的螺旋式上升可以加强概念之间的联系，建立"网状"的知识结构；还可以做到"温故而知新"，让学生明确学习成果，看到自己的进步。

第七节　韩国高中生物学教材难度分析

一、教材信息

韩国的经济在20世纪60年代以后有了快速发展，韩国也因此成为"亚洲四小龙"之一。韩国是一个天然资源缺乏、人口密度大的国家，其经济能够在短时间内取得惊人的发展，究其原因有多个方面，但教育特别是科学教育在其中起到了巨大的作用。"二战"后韩国一直坚持走科技兴国的道路，在20世纪60年代末期就实施了小学生升初中免试制度，70年代实施了高中均衡化制度，减轻了初中生的心理压力，避免了过热的、不正当的竞争，促进教育更加和谐发展（金京泽，2004）。

韩国教育部于2007年2月28日公布了《2007年修订教育课程》，标志着韩国开始了新一轮的课程改革。高中作为改革的重点，其课程体系得到了进一步的修订与完善（谭菲，马金晶，2011）。此次改革所基于的教育理念是：培养具有完善人格品质和独立生活能力的公民，使其为建设民主国家和实现全人类共同繁荣做出贡献。此次课程改革呈现出以下趋势：第一，精选科学技术中的重要内容作为课程内容，强化观察、实验等探究活动；第二，在课程中广泛出现STS的相关内容，课程结合现实问题和社会需求，使得科学教育超越了以纯理论知识为基础的教育，更加注重应用和实践；第三，课程内容更加注重对学生创新能力的培养（朴银花，2011）。2011年6月，韩国颁布了国家教育政策"智能教育推进战略"（Smart Education Strategy），旨在帮助学生建立自己的学习模式。根据这项政策，韩国的小学和初中将于 2014 年、高中将于 2015 年全面使用数字教材（李协京，2012）。

随着韩国教育管理体制和课程改革的逐步推进，韩国的教材制度也逐步从封闭、集权、单一走向开放、民主、多样化（曲恒昌，1998）。目前韩国有三种不同类型的教材：国定教材（1 类教材），其编写、选用、出版发行、价格几乎全部由国家教育人力资源部（简称教育部）控制；检定教材（2 类教材）和认定教材（3 类教材），一般由民间编写，只要经过教育部和地方教育部门的检定和认定（或审查）就可以出版发行，被学校选用（王向红，康长运，2007）。目前，1 类教材日益减少，仅仅局限于国语（韩国语）、韩国历史、道德教材，而 2 类和 3 类教材所占的比重越来越大。韩国的教材也是根据课程标准进行审定的，课程标准是最低标准，教材的内容可以比课程标准难度大。韩国在 20 世纪 70 年代后期才真正开始进行关于教材的研究，韩国教育开发院为教材的改进做了不少基础性的研究，标志性的事件是 1976 年该院完成的"关于教材模型开发的研究"。该研究旨在改进教材内容的组织方法和体系，开发出适合教学需要的教材模型，验证其效率和适用可能性。自 1997 年启动第七次课程改革以来，韩国政府以提高自主学习能力和创意性的、高质量的教材为教材研发基本方向，力图编写出容易、有趣、亲切、便于活用的教材。与之前相比，新教材的尺寸变大，页数也有所增加（金京泽，2004）。

本研究所使用的韩国教材是紧急教育株式会社于 2012 年出版的《生命科学》。紧急教育株式会社是韩国权威的出版社之一，《生命科学》教材在韩国中学阶段使用范围广泛，因此，本研究选择以这套教材来代表韩国高中生物学教材。研究者对教材进行文本分析时只分析正文部分，不考虑实验室活动、习题等部分。

二、教材的难度

本研究利用高中生物学教材广度和深度分析工具，分别统计韩国与中国高中生物学教材的总广度值和平均深度值，并根据教材难度计算公式计算每个国家教材的难度值,结果如表3-25和图3-15所示。

表3-25　韩国与中国高中生物学教材难度统计

国家	广度/G		深度/S		难度/N	
	总广度值	G_{100}	平均深度值	S_{100}	难度值	N_{100}
韩国	285	67	3.984	98	1135.440	71
中国	257	60	3.875	95	995.875	62

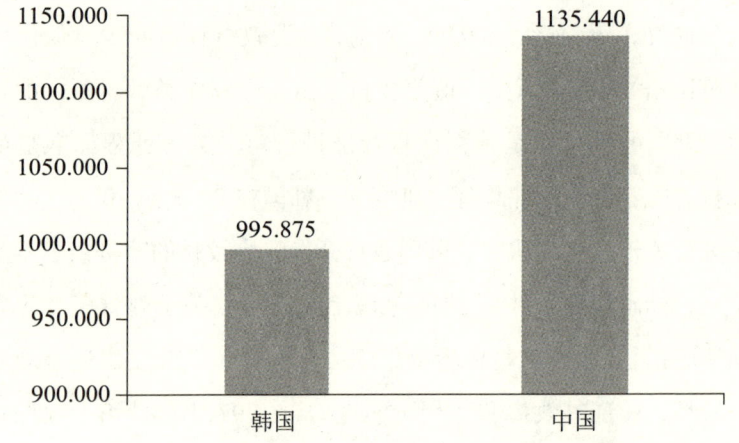

图3-15　韩国与中国高中生物学教材的难度

从图3-15可以看出,中国教材的难度值低于韩国教材。综合两国教材广度值和深度值比较结果,可以得出以下结论:韩国教材的广度和深度较大,中国教材的广度和深度较小。

三、教材的广度

韩国教材的广度值为285,中国教材为257,韩国教材高于中国教材,但两者的差距并不大(图3-16)。

中韩两国教材中各个一级主题下的概念分布情况如表3-26所示。

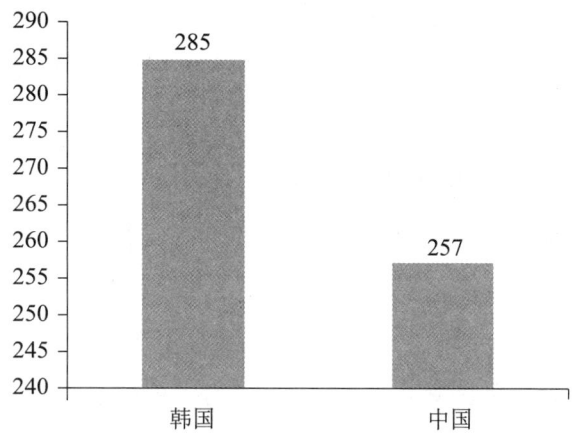

图 3-16 韩国与中国高中生物学教材的广度

表 3-26 韩国与中国高中生物学教材一级主题下的概念分布

一级主题	韩国	中国
生命系统的组成	55	71
植物学	17	19
人体与动物生理学	80	62
遗传学	48	36
进化	33	7
生殖	7	18
生态学	38	44
实验及生物技术	7	0

从表 3-26 中的统计结果可以看出，韩国教材中"人体与动物生理学""遗传学""进化""实验及生物技术"，尤其是"进化"主题的广度值（概念数量）高于中国教材，此外韩国教材在"实验及生物技术"主题上也颇具特色；而"生命系统的组成""植物学""生殖""生态学"，尤其是"生殖"主题的广度值很低，其中"植物学""生态学"主题的广度值与中国教材相差不大。相比之下，中国教材中"生态学"主题的广度值很高，而"实验及生物技术"主题的广度值却为 0，"进化"主

题的广度值也仅为7，因此"实验及生物技术"和"进化"是中国教材亟待加强的两个领域。此外，中国教材中"人体与动物生物学""遗传学"这两个主题的广度值也偏低，相关内容有待进一步充实。

（一）"生命系统的组成"主题

韩国教材在"生命系统的组成"主题上的特色主要体现在"有机化合物（例如碳水化合物、蛋白质、核酸、氨基酸、酶等）"和"细胞新陈代谢"这两个二级主题上，前者中出现了活性部位、竞争性抑制、非竞争性抑制等概念，后者中出现了三羧酸循环、糖酵解、电子传递链等概念，这些概念涉及生化过程等，可以帮助学生更好地理解呼吸作用等相关生物学概念。

（二）"植物学"主题

对于"植物学"主题下的各个二级主题，韩国教材在"生长/发育/行为"主题上缺失的内容极少，中国教材中主要是"其他"主题的广度值较低，其余主题的广度值均适中。

（三）"人体与动物生理学"主题

在"人体与动物生理学"主题下，韩国教材的特点主要体现在"神经和内分泌系统""健康与疾病/免疫系统"这两个二级主题上，例如出现了极化、去极化、复极化、暂无膜电位、初级免疫应答、二级免疫应答等概念，内容比较深，而中国教材中则没有这些概念。此外，中国教材中"呼吸、呼吸系统与呼吸作用""生长/发育/行为"这两个二级主题的广度值均为0，可见中国教材中"人体与动物生理学"这一主题的知识框架有一定的缺失，需要改进。

（四）"遗传学"主题

在"遗传学"主题下，韩国教材在"现代遗传学"二级主题中出现了复等位基因、连锁群、染色体组型等概念，在"转录和翻译"二级主题中出现了起始密码子、终止密码子、转录因子等概念，较为深入地阐释了转录和翻译的机制，而中国教材中"遗传学"主题的知识结构虽然比较完整，但其中"转录和翻译"二级主题的广度值较低，对于遗传物质转录和翻译的过程机制阐述得较为粗略和浅显。

（五）"进化"主题

在"进化"主题上，韩国教材阐述的内容范围很广，具有特色，主要体现在"分类"和"其他"这两个二级主题上，出现了瓶颈效应、哈迪-温伯格定律、奠基者效应、现代综合进化理论等概念，同时从器官结构和功能进化的角度介绍了每个门（如腔肠动物门、扁形动物门等）、纲、目下的代表生物，而中国教材仅对"拉马克学说""现代进化理论""进化的证据""自然选择"四个二级主题有所涉及，且每个主题的广度值均低于3，所涉及的概念也较为基础，因此中国教材在"进化"主题的内容编排上亟待改进。

（六）"生殖"主题

在"生殖"主题上，中国教材结构较为完善，韩国教材主要在"有丝分裂和减数分裂""无性繁殖""人类的生殖"三个二级主题上需要加强。

（七）"生态学"主题

"生态学"主题下的各个二级主题，除了"其他"外，中国教材的广度值均较高，呈现了很好的知识结构；韩国教材中"生态系统"二级主题的广度值偏低，但总体结构比较完整。

（八）"实验及生物技术"主题

在"实验及生物技术"主题下，韩国教材中出现了 DNA 微阵列、蛋白质芯片等概念，与现代生物技术发展衔接紧密，而中国教材的广度值为0，亟待补充相关内容。

四、教材的深度

（一）总体深度

韩国教材和中国教材的深度统计结果如图 3-17 所示。从图 3-17 可以看出，韩国教材的深度值高于中国教材。其中，在"遗传学"主题上韩国教材的深度值高于中国教材，而在"生态学"主题上中国教材的深度值则高于韩国教材。

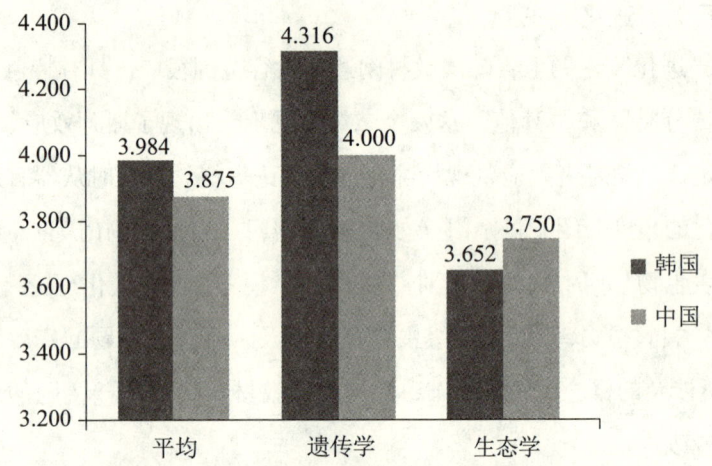

图 3-17　韩国与中国高中生物学教材的深度

两国教材中核心概念的认知水平分布情况如图 3-18 所示。由于韩国教材和中国教材中均没有幼儿园和小学认知水平的核心概念，因此图 3-18

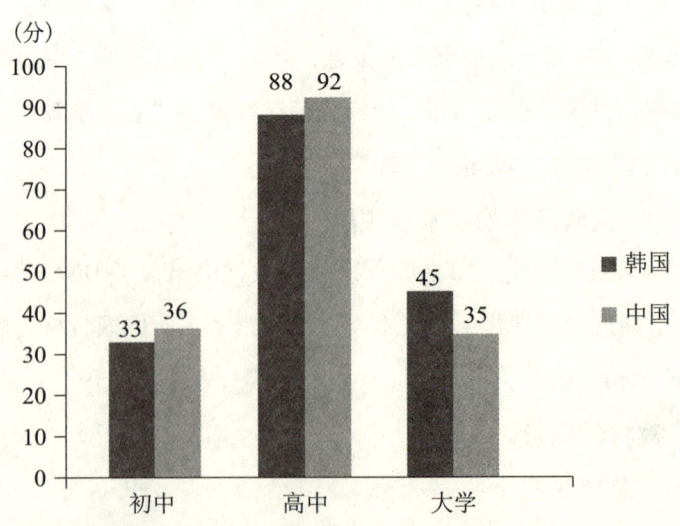

图 3-18　韩国与中国高中生物学教材中核心概念的认知水平分布

中仅显示了初中、高中、大学三个认知水平的核心概念分布情况（图中数值表示每个认知水平的核心概念总分，没有除以核心概念个数）。中国教材中初中和高中水平的核心概念得分高于韩国教材，而韩国教材中大学水平的核心概念得分明显高于中国教材。

（二）"遗传学"主题的深度

韩国教材和中国教材中"遗传学"主题下核心概念的认知水平分布情况如图 3-19 所示。

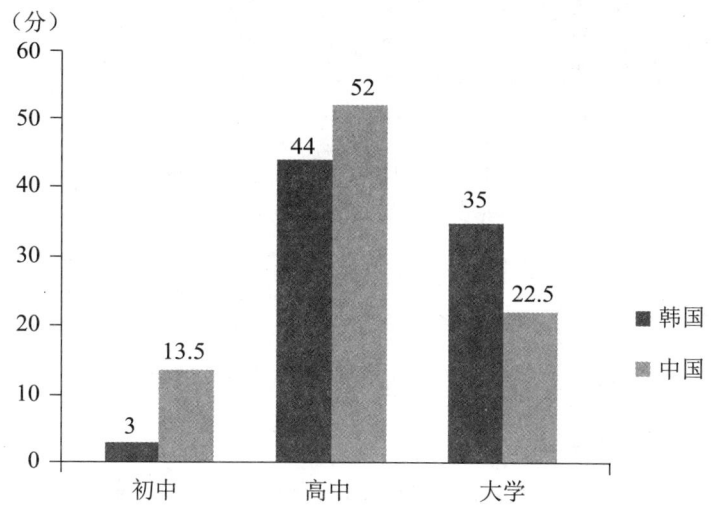

图 3-19 韩国与中国高中生物学教材中遗传学核心概念的认知水平分布

韩国教材和中国教材中均没有幼儿园和小学认知水平的遗传学核心概念，因此图 3-19 中仅显示了其他三个水平的遗传学核心概念分布情况。韩国教材中初中和高中水平的遗传学核心概念得分低于中国教材，而大学水平的核心概念得分明显高于中国教材。

（三）生态学主题的深度

韩国教材和中国教材中"生态学"主题下核心概念的认知水平分布情况如图 3-20 所示。

图 3-20 中显示的是初中、高中、大学三个认知水平的生态学核心概

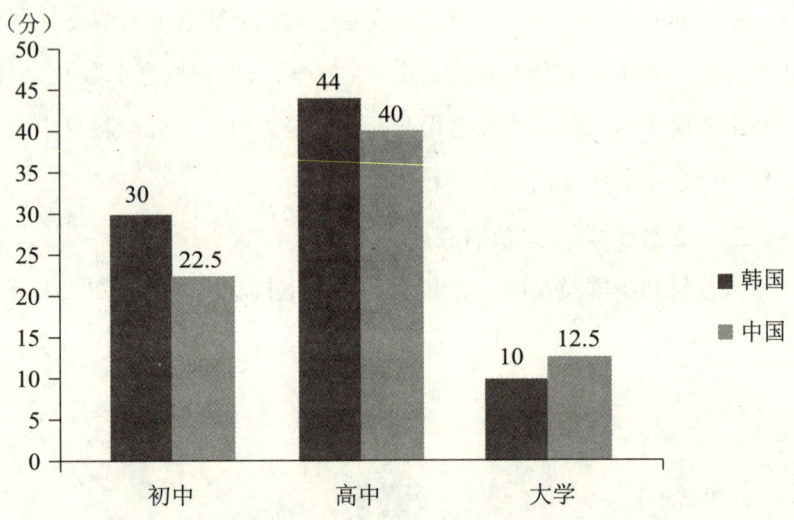

图 3-20　韩国与中国高中生物学教材中生态学核心概念的认知水平分布

念分布情况。韩国教材中初中和高中水平的生态学核心概念得分均略高于中国教材，大学水平的核心概念得分则略低于中国教材。总体而言，中韩两国教材中生态学核心概念的分布情况呈现出同样的趋势。

五、结论与建议

分析韩国教材可以为中国教材提供修改建议和编写素材。韩国教材的特色主要表现在三个方面：生物技术的合理融入、生物进化理论的立体呈现、STS 主题的多角度编排。此外，韩国教材中大学认知水平的遗传学核心概念的设置也有一定的参考价值。

（一）中韩教材比较

2011 年美国科学教育框架中和生命科学相关的核心概念有四个，涉及从分子到生命体的结构和生化过程、生态学、遗传学、生物进化，充分体现了"少而精"的课程理念。从中韩教材比较分析的结果来看，韩国教材的广度值略高于中国教材，其中"进化"和"实验及生物技术"两个主题的广度值明显高于中国教材，"遗传学"主题的广度值高于中国教材,"生态学"主题的广度值与中国教材相差不大。总之,结合其他几个主题的广度值来看,韩国教材在总广度值没有明显升高的情况下,较好地兼顾了美国科学教育框架中涉及的四个生命科学核心概念,较好地体现了"少而精"的课程理念。不过,韩国教材在"生殖"主题上需要加强内容编排。韩国教材的平均深度值高于中国教材,其中"遗传学"主题的深度值高于中国教材,"生态学"主题的深度值低于中国教材。在核心概念的认知水平分布上,中国教材中初中和高中水平的核心概念得分高于韩国教材,而韩国教材中大学水平的核心概念得分明显高于中国教材。在遗传学核心概念的认知水平分布上,韩国教材中初中水平的核心概念得分很低,高中水平的核心概念得分也低于中国教材,而大学水平的核心概念得分明显高于中国教材。在生态学核心概念的认知水平分布上,韩国教材和中国教材比较一致。结合对韩国教材编写特色的分析,本研究认为,在"实验及生物技术"和"进化"两个主题上,韩国教材可以为中国教材的编写与改进工作提供一定的素材和启示,此外,中国教材可在遗传学核心概念的认知水平分布上借鉴韩国教材的编排,适当提高大学水平的遗传学核心概念的比例。

不同国家的教材深受本国文化背景、经济水平、教育体制、课程标准的影响,因此,在对教材进行比较的同时,也有必要分析上述影响教材编排的因素。首先,在教材的广度上,中国《普通高中生物课程标准(实验)》在"课程设计思路"部分提到,必修部分包括"生物1:分子与细胞""生物2:遗传与进化""生物3:稳态与环境"三个模块,选修部分包括"选修1:生物技术实践""选修2:生物科学与社会""选修3:现代生物科技专题"三个模块。本研究分析的是依据上述课程标准编写的中国高中生物学三册必修教材,选修部分的内容没有在三册必修教材中出现,这就造成了中国教材中"实验及生物技术"主题的广度值为0。当今世界科学技术日新月异,与日常生活的联系日益紧密,高中生物学教材有必要与时俱进，融入更多生物技术领域的内容。因此，可将一部分使用较为广泛的生物技术，例如"选修1：生物技术实践"模块中微生物的利用、PCR（聚合酶链式反应）技术的操作和应用，"选修2：生物科学与社会"模块中的基因诊断，"选修3：现代生物科技专题"模块中的基因工程、克隆技术、胚胎工程等相关内容调整至必修教材中，提高对于学生在实验及生物技术领域的学业成就要求。进化是生物学中综合性强、极其重要的一部分内容（Dobzhansky，1973）。韩国教材在"进化"主题下出现了内共生学说、适应辐射、哈迪-温伯格定律等概念，对进化现象和原因进行了较为深入的阐述，为大学阶段的生物学学习打下了基础，而中国教材中没有这些概念，只出现了达尔文自然选择学说、生殖隔离等基础概念；另外，对于"进化"主题下的"分类"这个二级主题，新加坡和韩国的教材都试图从组织器官进化的角度介绍每个门、纲、目下的代表生物，为学生在大学阶段学习植物动物分类等内容打下基础，而中国教材在这方面有一定的缺失。虽然中国初中生物学教材简要介绍了生物分类的基本单位——界、门、纲、目、科、属、种，但是由于高中生物学教材对这一内容领域的阐述不够深入，与大学学习之间形成一定的断层，因此可能会对学生理解这一内容领域造成影响。其次，在教材的深度上，中国教材可以适当提高大学水平的遗传学概念的比例。毫无疑问，遗传学是生物学的重要基石之一，影响着医学、农学、药学等学科的发展（Rotbain，Marbach-ad，Stavy，2006）。21世纪也被称为生物学的世纪，生命科学相关研究发展迅速。高中生有必要进一步了解遗传学相关生化机制，为以后进一步深造和职业生涯规划打下更坚实的基础。教材是帮助高中生进行高中阶段学习的中心媒介，因此，有必要在中国教材中适当增加大学水平的概念。

（二）中国教材改进建议

基于数据分析和韩国教材编写特色分析，建议中国教材在进化、生物技术、遗传学等主题的编写上进行适当改进。

1. 强化生物技术领域的内容

中国三册必修教材中与生物技术领域密切相关的是必修 2 和必修 3。必修 2 第 3 章"基因的本质",主要介绍了 DNA 的分子结构和 DNA 复制。而韩国教材中提及的 PCR 技术正是生物体外的特殊 DNA 复制,与该章内容密切相关。建议在该章中加入 PCR 技术的基本原理、反应体系、基本步骤等内容,一方面加深学生对于 DNA 结构和 DNA 复制知识的理解,另一方面让学生进行 PCR 操作,以深入理解该项技术。必修 3 第 2 章"动物和人体生命活动的调节",主要介绍了神经调节、体液调节、免疫调节。韩国教材中提及的干细胞技术、脏器移植技术可以融入该章的免疫调节内容中。建议中国教材介绍干细胞生物学的基本概念、近年来鉴定出的干细胞类型、再生医学领域干细胞生物学应用的现状,并引发学生关于干细胞伦理和监管方面的思考。另外,对于器官移植技术,中国教材是以资料分析的形式呈现的,建议将器官移植作为正文内容,加深学生对于免疫系统功能等知识的理解。

2. 强化进化领域的内容

进化领域的内容出现在必修 2 第 7 章"现代生物进化理论"中。该章内容共 18 页(全册教材为 129 页),所占篇幅很少,知识结构也相对简单。建议加入生命起源的内容,如内共生学说;融入进化的胚胎学证据、分子生物学证据等内容,帮助学生基于证据和逻辑来进行进化内容的分析;从器官的结构和功能如何进化并适应环境的视角介绍主要代表性生物的演化;简要介绍哈迪-温伯格定律、遗传漂变等内容,与大学相关知识有效衔接;列出魏斯曼、埃尔德雷奇及古尔德等博物学家的主要观点和成就,让学生认识到生物进化理论有多种可能性,学会辩证地看待科学问题。

3. 适当增加 STS 主题,与时俱进

中国三册必修教材中共有 10 个 STS 主题,主题内容可以进一步增加。建议加强生物学与日常生活的联系,加入肥胖与饮食、反渗透方面的主题；针对近年来 H7N9 等流感病毒暴发的情况，加入疫苗的发展、抗生素的耐药性方面的主题，普及医疗保健知识，另外，由于近年来中国糖尿病患病率显著增加，让学生学习糖尿病的成因也很有必要；强化学生对于全球变暖、人口增长方面问题的思考；基于最新的科学研究成果，加入脑科学、DNA 条形码技术的内容；加入进化理论学习和分析方面的主题；增加生物能源方面的主题（中国教材中没有专门针对生物与资源的主题）。

4. 适当提升遗传学概念的深度

韩国教材中"遗传学"主题下有较高比例的大学水平的核心概念，而中国教材中大学水平的核心概念比例较低。基于两国教材的深度值，建议中国教材中加入与"细胞中基因并非同时表达，而是有些基因被启动而有活性，有些基因保持沉默而不表达，基因的选择性表达是细胞特异性的基础"这一核心概念相关的知识内容，与"基因调控作用可以发生在基因表达的转录阶段、转录后加工阶段和翻译阶段"这一核心概念相关的知识内容，与"原核生物通过基因表达的调控可以改变代谢方式以适应环境的变化""多细胞生物通过基因的表达调控实现细胞的分化、形态发生和个体发育"这些核心概念相关的知识内容，从而丰富和强化对于遗传学分子机制的阐述，帮助学生加深对于遗传学的理解。

第八节 俄罗斯高中生物学教材难度分析

一、教材信息

俄罗斯普通教育分为初等普通教育（小学）、基础普通教育（初中）、中等（完全）普通教育（高中），还有夜课制普通教育（夜校）和特殊教育性质的普通教育（邓红红，2006）。根据俄罗斯的学制，10—11 年级属于完全普通教育阶段。按照课程标准，俄罗斯的完全普通教育课程分为两个水平——基础水平和专业水平，两个水平的标准都有基础教育的特点。

课程标准的基础水平旨在形成基本文化,很大程度上与世界观教育和基础教育的发展任务、社会化任务相联系。课程标准的专业水平是根据个人倾向、受教育者的要求进行选择的,旨在为以后的职业教育或职业活动做准备(白美玲,2006)。本研究比较的生物学教材是基础水平的教材。

俄罗斯出版了多套基于课程标准的高中生物学教材(10—11年级),本研究选用的是由俄罗斯教育出版社于2010年出版,适用于10—11年级学生的《生物学(10—11年级)》。

俄罗斯《生物学(10—11年级)》教材为全一册,分为五个模块,第一模块介绍细胞相关知识,第二模块介绍生物体的繁殖和发育,第三模块介绍遗传和育种,第四模块介绍进化论,第五模块介绍生态。全书共有17个单元,79个小节。五个模块中,第四模块所占篇幅最多,第二模块所占篇幅最少。

二、教材的难度

俄罗斯高中生物学教材难度统计结果如表3-27所示。

表3-27 俄罗斯高中生物学教材难度统计

	统计内容	结果	
总广度值	《生物学(10—11年级)》	227	
平均深度值	遗传学	4.036	3.780
	生态学	3.524	
难度值	广度×深度	858.060	

俄罗斯教材的总广度值为227,平均深度值为3.780,难度值在10个国家中排第8位,仅高于英国和法国的教材。

三、教材的广度

俄罗斯教材中的概念在各个一级主题下的分布情况如图3-21所示。

由图3-21可以看出,俄罗斯教材中"生命系统的组成"和"遗传

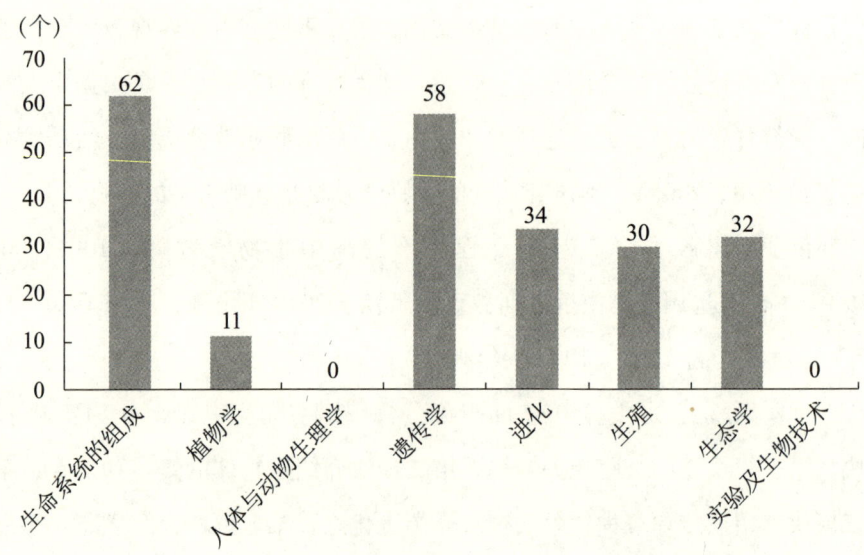

图 3-21　俄罗斯高中生物学教材一级主题下的概念分布

学"两个主题的广度较大,教材没有涉及"人体和动物生理学""实验及生物技术"这两个主题。每个主题的概念所占比例如图 3-22 所示。

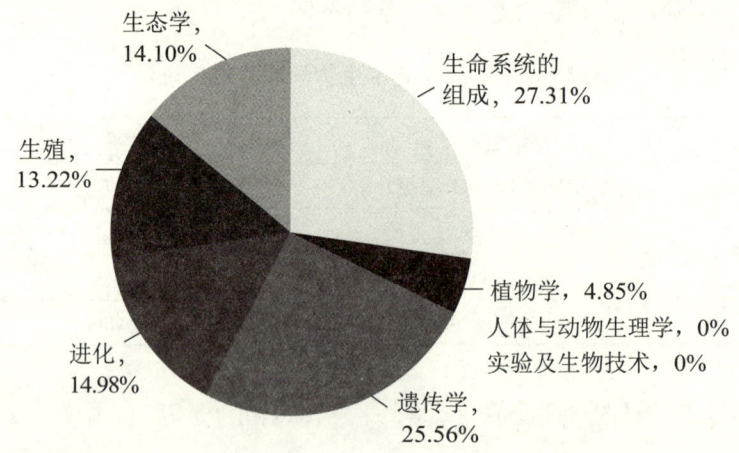

图 3-22　俄罗斯高中生物学教材的概念构成

四、教材的深度

俄罗斯教材的平均深度值为 3.780,其中"遗传学"主题的深度值为

4.036,"生态学"主题的深度值为 3.524（见图 3-23）。

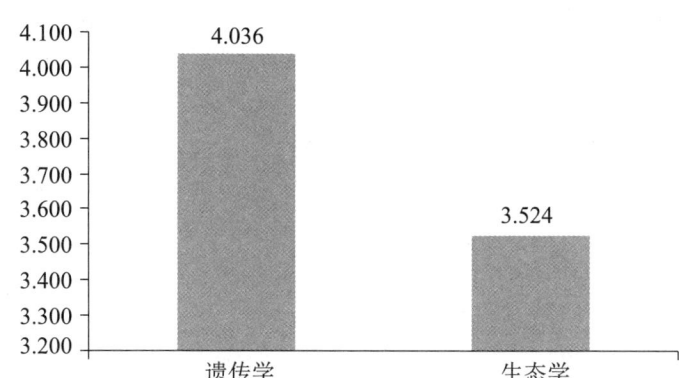

图 3-23　俄罗斯高中生物学教材的深度

五、结论

（一）内容编排具有连贯性、逻辑性

俄罗斯教材的总体结构是从微观到宏观，每个单元的内容基本上遵循从理论到应用的路径展开，每个小节之间相互联系。教材将生物学方面的概念分为五个模块，以概念自身的逻辑来安排章节，符合学生的认知规律，有利于学生对概念的系统掌握。此外，教材与俄罗斯基础普通教育（初中）学段的生物学教材在内容上也具有连贯性，如教材中没有涉及的人体与动物生理学的内容在初中教材中有详细的讲解。

（二）概念呈现具有针对性

俄罗斯教材分为五大模块，共有 17 个单元，79 个小节，每一小节又分为正文和习题。教材没有设置太多的栏目与活动，概念呈现形式简单、清晰、明了，较难的或教学标准以外的知识用色块标示，以示区别，如系谱法、双生子法等概念标示了蓝色。俄罗斯 2004 年推出的中学生物教育标准有基础水平、毕业生水平、个人水平三种不同的要求。教材将不同难度水平的概念用不同颜色标示出来，便于教师根据学生的学习水平和目标因材施教。

（三）知识体系完整

学校教育的一个重要作用是向学生传授系统的科学知识，掌握系统的生物学知识是提高生物科学素养的基础。俄罗斯教材的内容涵盖了"生命系统的组成""植物学""遗传学""进化""生殖""生态学"等主题，知识面广，体系完整，有利于开阔学生的视野，培养学生系统科学的生物学思维模式。

（四）注重科学史的介绍

俄罗斯教材中介绍了较多的生物学家，如在"进化论"主题下介绍了达尔文，在"遗传和育种"部分介绍了孟德尔。此外，教材注重对本国科学家和科学成就的介绍。通过科学史的介绍，不仅可以增加内容的趣味性，还能增进学生对科学的感性认识，培养学生的情感态度和价值观。

（五）内容具有时代性和应用性

随着生物技术的发展，教材紧跟时代的节奏显得尤为重要。俄罗斯教材在介绍生物学知识的同时注重介绍当前前沿的生物学知识的应用和时代问题，如在"遗传和育种"部分介绍了一些最前沿的育种方法，在"变异规律"部分介绍了一些疾病的预防和治疗。教材最后一章介绍了当前几个全球性的生态问题，将生物学与生活紧密联系起来，让学生利用所学知识解决问题，认识环境，评估人对环境的影响，预防疾病，培养学生的情感态度和价值观。

需要说明的是，俄罗斯教材在第53—59小节介绍了生命的起源和发展，在第62—66小节介绍了人类的进化，这两部分的概念在本研究的生命科学知识分类细目表中对应的知识点较少，因此对该部分知识的分析主要集中在举例说明中，涉及的概念很少。此外，俄罗斯教材注重知识的应用，这也可能在一定程度上影响了其在本研究中体现出来的广度。

第九节 新加坡高中生物学教材难度分析

一、教材信息

新加坡于 1965 年正式独立，建立了以制造、贸易、金融、运输和通信、旅游五大产业为支柱的国民经济体系，成为国际交通枢纽及东南亚主要金融中心。1996 年新加坡跻身发达国家的行列。新加坡能在经济上取得如此显著的成绩，教育改革功不可没（赵序，2003）。新加坡在独立以前被英国统治了近 140 年，复杂的历史背景使新加坡成为一个以华人为主的多民族、多语言、多文化的国家。随着社会的发展，至 1984 年英语成为新加坡各学校的主要教学语言（陈莉，2008）。新加坡的教育体制是由英国传统教育制度发展而来的，当然，新加坡也在不断吸收、消化、调整和创新中建立起具有自身特色的教育体制。

新加坡现行的教育制度包括小学教育、中学教育、中学后教育和大学教育四个层次（李大光，1996）。其中，中学后教育相当于中国的高中教育。新加坡实行 10 年义务教育，其中小学 6 年，初中 4 年。初中 1 年级和 2 年级开设综合科学课程，3 年级和 4 年级开设生物学课程，初中毕业生要参加 O 级水平（O-Level）的普通证书考试（GCE 考试），相当于中国的中考。新加坡中学的 5 年级和 6 年级相当于中国的高中，高中毕业生要参加 A 级水平（A-Level）的 GCE 考试，相当于中国的高考（周阳，汪忠，2006）。新加坡在高中阶段为每一门课程（包括生物学课程）提供了三个水平的选择：H1、H2、H3。其中 H1 和 H2 的难度是一样的，只是 H1 内容较少。而 H3 的难度要求较高，可让学生就自己感兴趣又想作为未来专业发展方向的科目进行深入的研究学习（惠新义，2007）。三个不同水平均有相应的课程标准。新加坡政府十分重视提高全民科学素养，把科学教育作为帮助学生获得重要科学知识、技能并利用它们推动经济发展的坚实基础。新加坡教育部于 1997 年提出建立"思考型学校，学习型国家"（Thinking School，Learning Nation，简称 TSLN），强调培养公民终身学习的习惯，将新加坡的教育质量提升到世界先进水平。2005 年，新加坡教育部部长围绕"少教多学"（Teach Less，Learn More，简称 TLLM）提出了一系列措施（陈曦，2008）。"少教多学"不是让教师在教学上投入更少精力，而是要求教师教得更好。教师要精选课题并对其进行深入剖析，以使学生构建扎实稳固的知识框架，并能将知识迁移到新的情境中。随着新加坡教育改革的逐步推进，新加坡的教材也逐渐呈现出多样化的趋势。从 1998 年起，新加坡教育部进一步向私人出版社开放编写课程材料的市场，约有 90% 的小学至高中的课程教材由私人出版社负责编写，只有国民教育、道德教育、社会知识及新加坡历史教材继续由教育部编写。新加坡教育部对出版的教材进行审定，之后由教师（学校委员会）从审定的书单中选用。教师是教材的使用者，能够挑选出适合自己和学生的教材（刘欣，2007）。这种教材制度既促进了各出版社积极参与教材的出版，又可以保证国家采取必要的手段对教材的内容、价格等方面进行控制。

本研究所选用的新加坡教材是托马斯·尼尔森公司于 1999 年出版的《A 水平新认知生物学》。新加坡的教育体制在较大程度上受到英国的影响，托马斯·尼尔森是英国权威教材出版机构之一，其出版的《A 水平新认知生物学》教材在新加坡使用广泛，因此被本研究选作新加坡高中生物学教材的代表。本研究在对其进行文本分析时只分析正文部分，不考虑实验室活动、习题等部分。

二、教材的难度

本研究利用高中生物学教材广度和深度分析工具，分别统计新加坡和中国高中生物学教材的总广度值和平均深度值，并根据教材难度计算公式计算每个国家教材的难度值，结果如表 3-28 和图 3-24 所示。

表 3-28　新加坡与中国高中生物学教材难度统计

国家	广度/G		深度/S		难度/N	
	总广度值	G_{100}	平均深度值	S_{100}	难度值	N_{100}
新加坡	405	95	3.765	93	1524.825	95
中国	257	60	3.875	95	995.875	62

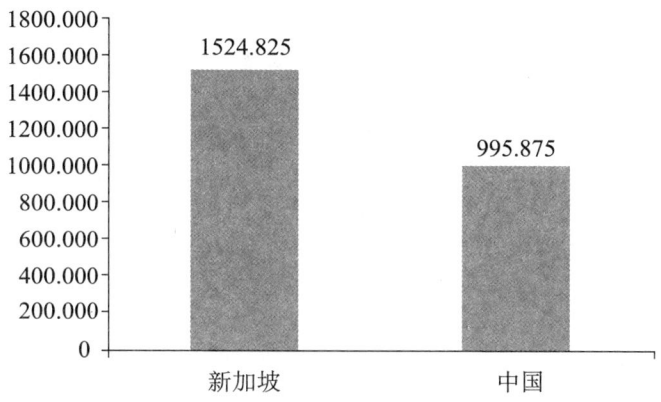

图 3-24　新加坡与中国高中生物学教材的难度

从图 3-24 可以看出，中国教材的难度值低于新加坡教材。综合两国教材广度值和深度值比较结果，可以得出以下结论：新加坡教材广度大、深度偏小，中国教材广度小、深度较大。

三、教材的广度

新加坡教材的广度值为 405，中国教材为 257。新加坡教材涵盖的内容领域较广，广度值比中国教材高 148，是中国教材的 1.6 倍。两国教材中一级主题下的概念分布情况如表 3-29 所示。

表 3-29　新加坡与中国高中生物学教材一级
主题下的概念分布　　　　　　　　（单位：个）

一级主题	新加坡	中国
生命系统的组成	87	71

续表

一级主题	新加坡	中国
植物学	36	19
人体与动物生理学	122	62
遗传学	59	36
进化	25	7
生殖	27	18
生态学	42	44
实验及生物技术	7	0

从表 3-29 中的统计结果可以看出，新加坡教材中除了"生态学"主题的广度值低于中国教材外，"生命系统的组成""植物学""人体与动物生理学""遗传学""进化""生殖""实验及生物技术"七个主题的广度值均高于中国教材。尤其在"人体与动物生理学"主题上，新加坡教材具有明显的广度优势，这也是其特色之一。此外，新加坡教材在"生命系统的组成""植物学""遗传学"三个主题上的广度优势也比较明显。新加坡教材中各个主题的广度值比较均衡，没有哪一个主题明显偏低，反映了新加坡教材具有良好的生物学知识框架。与新加坡教材相比，中国教材中"实验及生物技术""进化"两个主题的广度值极低，"人体与动物生理学""遗传学""植物学"三个主题的广度值也偏低，有待进一步加强。

（一）"生命系统的组成"主题

新加坡教材在"生命系统的组成"主题上的广度优势主要体现在"有机化合物（例如碳水化合物、蛋白质、核酸、氨基酸、酶等）""细胞新陈代谢""其他"这三个二级主题上，尤其是"细胞新陈代谢"。"有机化合物"主题中出现了蛋白质结构、竞争性抑制等概念，"细胞新陈代谢"主题中出现了三羧酸循环、糖酵解、电子传递链等概念，"其他"主题中出现了化学渗透理论、渗透压调节等概念，这些概念涉及生化过程等，可以帮助学生更好地理解相关生物学概念。就"生命系统的组成"主题而言，中国教材在"细胞新陈代谢"这个二级主题上有待加强。

（二）"植物学"主题

在"植物学"主题下，中国教材主要是"其他"这个二级主题的广度值较低，其余主题的广度值适中。新加坡教材中出现了天线复合体、C3和C4植物、光周期等与植物生理学密切相关的概念，这也是新加坡教材的特色之一。

（三）"人体与动物生理学"主题

新加坡教材在"人体与动物生理学"主题上的广度优势主要体现在"血液与循环系统""神经和内分泌系统""生长/发育/行为"这三个二级主题上，出现了Rh因子、凝血因子、不应期、去甲肾上腺素、肾上腺皮质激素、桑葚胚、囊胚、卵裂球等概念。而中国教材中"呼吸、呼吸系统与呼吸作用""生长/发育/行为"这两个二级主题的广度值均为0，可见中国教材中"人体与动物生理学"主题的知识框架有一定的缺失，需要改进。

（四）"遗传学"主题

在"遗传学"主题下，中国教材对除了"其他"之外的各个二级主题均有所覆盖，但"转录和翻译"二级主题的广度值较低，对于遗传物质转录和翻译的过程机制阐述得较为粗略和浅显。而新加坡教材在"遗传性状"二级主题中出现了不完全显性、共显性等概念，在"现代遗传学"二级主题中出现了连锁基因、染色体组型等概念，在"转录和翻译"二级主题中出现了终止密码子、无义密码子等概念，在"其他"二级主题中出现了顺反子、外显子、内含子等概念。

（五）"进化"主题

在"进化"主题下，新加坡教材阐述的内容范围比中国教材广，中国教材仅对"拉马克学说""现代进化理论""进化的证据""自然选择"四个二级主题略有涉及。

(六)"生殖"主题

中国教材中"生殖"主题的广度值比较适中,与新加坡教材的差距主要集中在"植物的生殖""其他"这两个二级主题上,新加坡教材中有二分裂、孤雌生殖、雌雄同体、雌雄间体等中国教材中欠缺的概念。

(七)"生态学"主题

"生态学"主题下各个二级主题的广度值,中国教材和新加坡教材差别不大。

(八)"实验及生物技术"主题

中国教材中"实验及生物技术"主题的广度值为0,新加坡教材中则出现了凝胶电泳、酶联免疫吸附测定、DNA印记法等概念。

四、教材的深度

(一)总体深度

新加坡教材和中国教材的深度统计结果如表3-30所示。

表3-30 新加坡与中国高中生物学教材的深度

一级主题	遗传学	生态学	平均
新加坡	4.000	3.529	3.765
中国	4.000	3.875	3.875

从表3-30中的统计结果可以看出,在"遗传学"主题和"生态学"主题上,中国教材的深度值均高于新加坡教材。

两国教材中核心概念的认知水平分布情况如图3-25所示。由于新加坡教材和中国教材中均没有幼儿园认知水平的核心概念,因此图3-25中仅显示了其他四个认知水平的核心概念分布情况(图中数值表示每个认知水平的核心概念总分,没有除以核心概念个数)。与新加坡教材相比,中国教材中没有小学水平的核心概念,初中水平的核心概念得分与新加坡教材相同,高中水平的核心概念得分明显高于后者,大学水平的核心概念得分略高于后者。

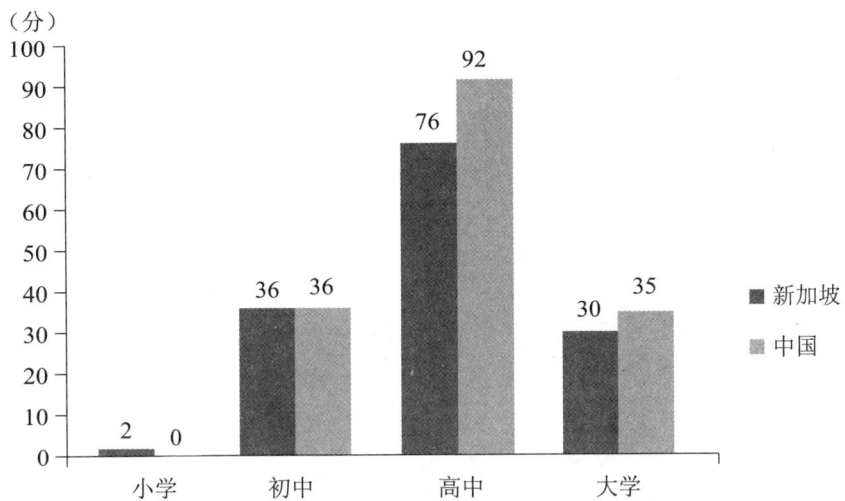

图 3-25　新加坡与中国高中生物学教材中核心概念的认知水平分布

（二）"遗传学"主题的深度

新加坡教材和中国教材中"遗传学"主题下核心概念的认知水平分布情况如图 3-26 所示。

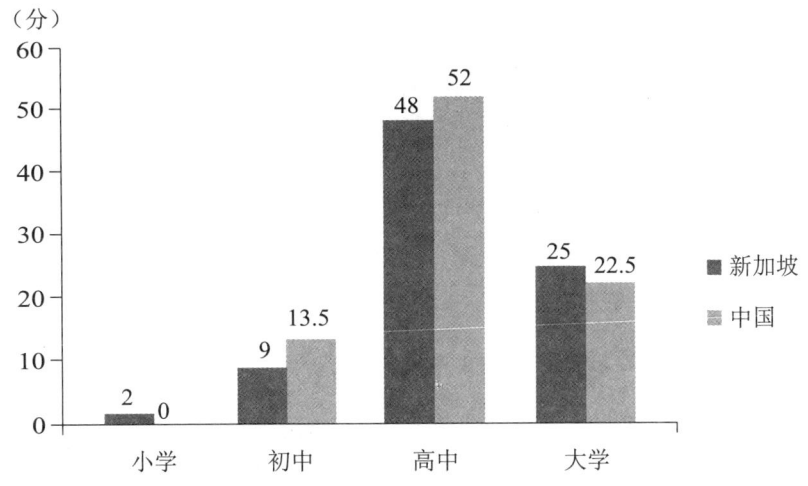

**图 3-26　新加坡与中国高中生物学教材中
遗传学核心概念的认知水平分布**

新加坡教材和中国教材中均没有幼儿园认知水平的遗传学核心概念，因此图3-26中仅显示了其他四个水平的遗传学核心概念分布情况。中国教材中没有小学水平的遗传学核心概念，初中和高中水平的遗传学核心概念得分均略高于新加坡教材，大学水平的核心概念得分略低于新加坡教材。总体而言，中国教材中遗传学核心概念的认知水平分布较为集中，在高中水平上达到峰值，并大大超过大学水平；新加坡教材中遗传学核心概念在从小学到大学的四个认知水平上均有分布，峰值出现在高中水平，不过大学水平的核心概念得分与高中水平的核心概念得分差异小于中国教材，总体上呈现出比较均匀的分布。

（三）"生态学"主题的深度

新加坡教材和中国教材中"生态学"主题下核心概念的认知水平分布情况如图3-27所示。

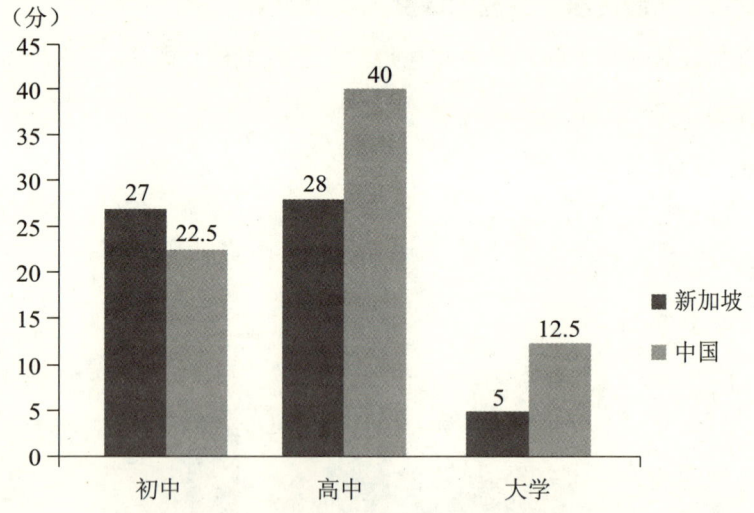

图3-27　新加坡与中国高中生物学教材中
生态学核心概念的认知水平分布

新加坡教材和中国教材中均没有幼儿园和小学认知水平的生态学核心概念，因此图3-27中仅显示了其他三个水平的生态学核心概念分布情况。

中国教材中核心概念得分峰值出现在高中水平，且初中水平的核心概念得分比大学水平的核心概念得分高。而新加坡教材中初中和高中水平的核心概念得分几乎相同，大学水平的核心概念得分很低，且高中水平的核心概念得分明显低于中国教材。总体上看，新加坡教材中呈现的生态学核心概念与中国教材相比偏于简单。

五、讨论与建议

分析新加坡教材可以为中国教材提供修改建议和编写素材。新加坡教材的编写特色主要体现在以下几个方面：按照生物体的不同功能机制划分主题；信息量大，知识框架比较完整，尤其在"人体与动物生理学"主题上广度优势突出；遗传学概念的认知水平分布呈螺旋式上升态势，值得借鉴；凸显能量主题，注重细胞、个体、系统水平间的知识联系；重视生物学理科课程的属性。

（一）中新教材比较

第一，从广度来看，中国教材在"人体与动物生理学"主题的广度上与新加坡教材产生较大差距的一个原因是：中国初中生物学教材中已经介绍过消化系统的基本结构和组成等相关内容。通过分析中国《普通高中生物课程标准（实验）》提出的课程设计思路能够看出，中国教材对于一些在初中阶段学习过，且在认知理解方面无须再深入学习的概念，没有再次提到。这考虑到了初中和高中学段的生物学概念可以整体互补但又各有侧重，从而减少了不必要的重复，以保证核心内容的深入教学（刘恩山，2003a）。对于这部分内容，中国教材可以保持自己的理念和特色。两国教材中"人体与动物生理学"主题的广度值产生差距的另一个重要原因是，中国教材在"神经和内分泌系统""呼吸、呼吸系统与呼吸作用""生长/发育/行为"等二级主题的相关概念方面存在缺失，例如没有极化、去极化、复极化、基础代谢率、干扰素、变态等概念，"呼吸、呼吸系统与呼吸作用"二级主题的广度值为0。建议在中国教材的编排上加强"人体与动物生理学"这一内容领域。

第二,从深度来看,新加坡教材中"遗传学"主题的编排值得中国教材借鉴。以新加坡教育部2008年颁布的《新加坡生物H2水平课程标准》为例,其"前言"中提出将生物学基本概念、技能和新知识整合到课程框架中,认为小学阶段重点学习的是系统水平的概念,中学阶段的课程将帮助学生学习从系统水平深入微观水平的概念,高中阶段重点学习的是生命在分子水平上运作的知识。该课程标准还对从小学到A级水平的生物知识体系进行了概括,认为应该提供基础知识以帮助学生理解现阶段的知识(王艺璇,2009)。由此可见,新加坡课程标准关注到了知识衔接问题,而基于该课程标准设计的高中生物学教材也必然具有这一特色。布鲁纳曾提出螺旋式的课程设计,指出先前的学习能使日后学习变得更容易,应尽可能清晰地呈现先前与日后所学事物之间的关系,通过循环往复的学习使学生到达较高水平(Bruner,1960)。建构主义学习观也强调新知识的学习正是以学习者的先前经验和概念为基础的(刘恩山,2003b)。学习进阶理论认为,学生对某一领域由浅入深、渐趋复杂的概念理解过程符合其认知发展水平。故可以考虑在中国教材中对与高中学习密切相关的小学、初中和大学水平的核心概念进行选择性的呈现,在针对某一核心概念的学习中采用学习进阶理论的研究成果,唤起学生已有的生物学相关知识,为更高认知水平的核心概念的学习做铺垫,以使学生获得更好的学习效果。

(二) 中国教材改进建议

1. 进一步加强知识框架内概念间的联系

为了进一步加强知识框架内概念间的联系,可以考虑对中国三册必修教材中的一些内容进行位置调整与整合。可以参考新加坡教材以能量为主线,将能量合成与代谢、呼吸作用以及生态系统有机融合起来,并将生态学的相关内容融入其中的编写方式。中国教材必修1第5章先从细胞水平介绍三磷酸腺苷（ATP）通过细胞呼吸产生，接着从生物体水平介绍 ATP 的最终来源是光合作用。不过，按照学生的认知习惯，由于光合作用与生活密切相关，会首先引发学生的注意，因此建议将 ATP 生成和光合作用这两部分的内容进行位置对调。当然，与之相关的其他章节，例如该章第 1 节、第 2 节的内容和位置也要相应调整。此外，由于生态系统的能量流动和物质循环的内容出现在必修 3 中，与必修 1 的学习时间间隔过长，可能会导致学生无法很好地将能量与生态系统、个体、细胞三个水平联系起来，不利于学生从整体的角度把握能量、细胞代谢、生态系统这几方面的知识，因此建议在必修 1 第 5 章的最后初步提及生态系统能量流动和物质循环的内容，给学生留出思考空间，初步建立思维联系，以利于在必修 3 中对这一内容进行更深入的学习。

2. 加强教材与现实生活的联系

与新加坡教材相比，中国教材在与现实生活的联系上需要继续加强。建议借鉴新加坡教材的内容，将一些与现实生活密切相关的应用知识引入相应章节的正文中，也可以作为教材中 STS 主题的编写素材。首先，可以依照中国教材的章节顺序，像新加坡教材那样，将一些与现实生活密切相关的内容加入教材正文中，进行扩展学习。例如在必修 1 中，可以在第 2 章第 2 节"生命活动的主要承担者"的正文中融入实际生活中烫头发的例子，探讨蛋白质变性的条件。在必修 2 中，可以将 PCR 的相关原理、反应体系、反应步骤等内容加入第 3 章第 3 节"DNA 的复制"正文中，加深学生对于 DNA 复制过程的理解，提高其对科学的理解力。在必修 3 中，可以将甲状腺异常病放在第 2 章第 2 节的内容中，将废弃土地的回收放在第 6 章第 2 节的内容中。其次，新加坡教材中的一些实际案例也为中国教材中 STS 主题的编写提供了很好的范例，例如，油菜中产生的燃料、高山病、透析、糖尿病、老年性痴呆、生物传感器、低纤维饮食增加疾病发生率、食品添加剂等，都可以供中国教材在编写 STS 主题时参考。

3. 增加"人体与动物生理学"尤其是呼吸系统的相关内容

与新加坡教材相比,中国教材中"人体与动物生理学"主题的广度值明显较低,其中"呼吸、呼吸系统与呼吸作用"二级主题的广度值为0。呼吸系统对人体的正常运转非常重要,且呼吸系统相关内容的学习对于人体健康和日常生活有重要意义。近年来,中国部分城市空气污染有所加剧,大气污染物容易引发呼吸系统疾病,呼吸系统疾病的患病率有所升高(赵颖,陈少贤,2013)。因此,让高中学生进一步深入学习呼吸系统的相关知识,了解一些呼吸系统疾病就显得很有必要,建议将相关知识纳入教材中。基于三册必修教材的不同模块,建议将这些内容加入必修3第2章"动物和人体生命活动的调节"中。当然,该章节的其他内容也应随着知识结构的调整而在编排上有所变化。

4. 加强对生物学理科属性的认识

新加坡教材中对数据整理和统计分析知识的介绍,给中国教材带来了启示。生物学是一门重视实验探究的学科,生命科学的发展也离不开实验探究(中华人民共和国教育部,2003)(刘恩山,2003a)。而实验数据的处理和分析方式会直接影响实验结果。中国高中生物课程标准已经在理念层面上提出了"倡导探究性学习",基于这一课程理念,结合与新加坡教材的比较研究带来的启示,建议重视生物学的理科属性,在中国教材中呈现与探究实验相关的基本科学研究技能,例如新加坡教材中提到的让学生根据数据制图,以及对数据进行初步的统计分析等。

第十节 美国高中生物学教材难度分析

一、教材信息

美国的生物学教材有很多不同的版本,在20世纪,美国较有影响力的生物学教材是1963年9月正式出版的BSCS《生物科学》教材。BSCS是1958年美国生物科学协会的教育委员会发起成立的一个国家级研究中心。当时，由美国国家科学基金会（National Science Foundation）出资建立的物理学、化学、生物学等学科的课程研究机构，为相应学科编写教材，BSCS就是其中之一。这是一个非营利的、为高质量的生物科学教育提供可用材料和进行课程研究的机构，它在开发典范的课程材料、提供专业发展服务及进行严格的教学研究和评估方面具有丰富的经验，是一个公认的高质量生物科学教育研究中心。BSCS具有极其优秀的团队，持续进行高水平教材的开发，其编写的《生物科学》教材是目前公认的最高水平的生物学教材。BSCS生物学教材一共有三个版本，分别为蓝皮本、绿皮本和黄皮本。不同版本有不同的侧重点，蓝皮本侧重于分子生物学，绿皮本侧重于生态学，黄皮本侧重于个体水平的发育和遗传。这三个版本的教材有着统一的指导思想，不限于传授固定的、传统的生物学知识，而是要让学生知道生物科学是不断发展变化的（李庆文，吴相钰，2000）。这套教材在出版后被广泛使用，其中绿皮本是美国国内较受欢迎、选用率较高的版本。本研究选取2006年版绿皮本BSCS《生物科学》教材作为美国高中生物学教材的代表来进行教材难度比较和分析。

本研究对教材进行文本分析时仅分析正文部分，教材中的边栏、图片以及附录中的内容不列入研究范围。

二、教材的难度

本研究利用高中生物学教材广度和深度分析工具，分别统计美国和中国高中生物学教材的总广度值和平均深度值，并根据教材难度计算公式计算每个国家教材的难度值，结果如表3-31所示。

表 3-31　美国与中国高中生物学教材难度统计

国家	总广度值	平均深度值	难度值
美国	335	3.952	1323.853
中国	257	3.875	995.875

从表 3-31 中可以看出，美国教材的难度值高于中国教材。在本研究中，难度是由广度乘以深度得出的，对两国教材的广度和深度进行比较，可以看到中国教材与美国教材的难度差距不仅体现在广度上，也体现在深度上。可以说，美国教材"广而深"，中国教材"窄而浅"。中国教材不论是在广度上还是在深度上都不及美国教材。

三、教材的广度

本研究使用的教材广度分析工具中包含八个一级主题，美国教材与中国教材在不同主题下的概念分布情况存在差异，具体比较结果如表 3-32 所示。根据表 3-32 绘制的图 3-28 能够更加清晰地呈现出两国教材中各个一级主题下的概念分布情况。

表 3-32　美国与中国高中生物学教材一级主题下的概念分布　　（单位：个）

一级主题	美国	中国
生命系统的组成	66	71
植物学	35	19
人体与动物生理学	112	62
遗传学	29	36
进化	28	7
生殖	33	18
生态学	31	44
实验及生物技术	1	0

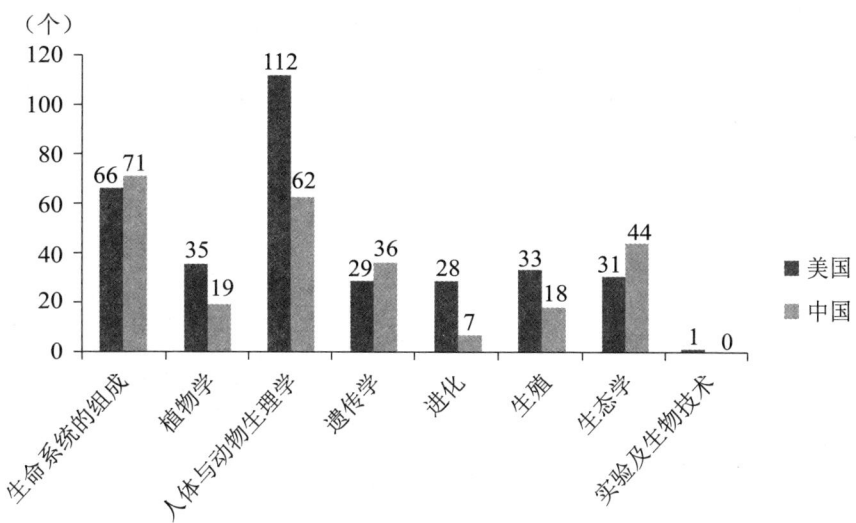

图 3-28 美国与中国高中生物学教材一级主题下的概念分布

从表 3-32 中的统计结果可以看出，美国教材中出现的概念共有 335 个，而中国教材只有 257 个，与美国教材相比少了 78 个。

从一级主题下的概念分布情况来看，中国教材中"植物学""人体与动物生理学""进化""生殖""实验及生物技术"五个一级主题的广度值低于美国教材。在这五个一级主题中，"人体与动物生理学"与"进化"两个主题的广度值差距更为显著。通过对两国教材中各个二级主题下的概念分布情况进行比较，可以进一步了解两国教材的广度差异，结果如表 3-33 所示。

表 3-33 美国与中国高中生物学教材二级主题下的概念分布 （单位：个）

一级主题		二级主题	美国	中国
100 生命系统的组成	101	生命元素（C，H，O，N，P）	1	2
	102	有机化合物（例如碳水化合物、蛋白质、核酸、氨基酸、酶等）	24	28
	103	无机化合物	1	3
	104	细胞结构与功能	21	22
	105	细胞学说	1	1
	106	细胞的物质运输	2	3
	107	细胞生长和细胞分化	2	5
	108	组织和器官	2	1
	109	系统	1	0
	110	微生物	6	4
	111	细胞新陈代谢	4	0
	190	其他	1	2
200 植物学	201	营养与光合作用	7	4
	202	呼吸作用	4	3
	203	生长/发育/行为	17	12
	290	其他	7	0
300 人体与动物生理学	301	营养与消化系统	3	1
	302	血液与循环系统	17	6
	303	呼吸、呼吸系统与呼吸作用	3	0
	304	骨骼和肌肉系统	5	1
	305	神经和内分泌系统	40	37
	306	健康与疾病/免疫系统	23	15
	307	排泄	8	2
	308	生长/发育/行为	13	0
	390	其他	0	0

续表

一级主题	二级主题		美国	中国
400 遗传学	401	遗传性状	6	4
	402	孟德尔遗传学	2	2
	403	现代遗传学	4	4
	404	突变与变异	6	13
	405	遗传方式	3	5
	406	转录和翻译	5	8
	490	其他	3	0
500 进化	501	分类	14	0
	502	拉马克学说	0	2
	503	现代进化理论	3	3
	504	生命起源学说	0	0
	505	人类的进化	0	0
	506	进化的证据	1	1
	507	自然选择	3	1
	590	其他	7	0
600 生殖	601	有丝分裂和减数分裂	9	13
	602	无性繁殖	3	2
	603	植物的生殖	4	2
	604	动物的生殖	3	0
	605	人类的生殖	7	0
	690	其他	7	1
700 生态学	701	种群	5	8
	702	种群动态	1	3
	703	群落	5	8
	704	生态系统	11	15
	705	生态演替	1	3
	706	生态环境保护	7	7
	790	其他	1	0
800 实验及生物技术			1	0

从一级主题下的概念分布情况比较中能够看出，在"人体与动物生理学"主题下，美国教材中出现了 112 个概念，而中国教材中只有 62 个概念，差距比较显著。通过对二级主题下的概念分布情况进行分析，可以发现中国教材对于"血液与循环系统""呼吸、呼吸系统与呼吸作用""健康与疾病""排泄""生长/发育/行为"等主题的介绍并没有美国教材那么丰富。如在"健康与疾病/免疫系统"这个二级主题下的"健康与疾病"部分，美国教材中就出现了体重、体重指数、体温、传染病、炎症 5 个概念，而在中国教材中只出现了体温这一个概念。又如在"生长/发育/行为"这个二级主题下，美国教材中出现了包括囊胚、卵裂、先天性行为、学习行为等在内的 13 个概念，而中国教材中没有出现相关概念。

另一个差异比较大的主题是"进化"。在这个主题下，两国教材中的概念数量差距主要体现在"分类"这个二级主题中，美国教材中出现了 14 个相关概念，而中国教材中一个都没有出现。在这一部分，美国教材从进化的角度介绍了生物分类中各个不同生物门的主要特征。美国著名生物学家杜布赞斯基曾提出，进化是生物学领域中很综合、很重要的一部分内容（Dobzhansky，1973）。所以，对这一部分内容的强调，能够帮助学生更清楚地认识和了解生物界的分类，形成良好的分类知识框架，进而在此基础上理解生物进化的过程。

在中国教材中没有出现，而在美国教材中出现了的概念，有一些是在中国初中生物学教材中就已出现过的，如先天性行为、学习行为等。通过分析中国《普通高中生物课程标准（实验）》提出的课程设计思路能够看出，中国教材对于一些在初中阶段已经介绍过的概念没有再次提及，是考虑到了初中学段和高中学段的生物学概念可以各有侧重，但整体上是互补的，不再提及这些概念能够减少一些不必要的重复（刘恩山，2003a）。当然，也有一些概念是在中国教材中出现了，但是在美国教材中没有涉及的，如在二级主题"生态系统"中，中国教材提到了生态系统信息传递中的物理信息、化学信息、行为信息,而在美国教材中没有出现这些概念。

美国教材中不同一级主题下的概念数量及其所占比例也不相同,图3-29展示了美国教材的概念构成情况。从中可以看出,美国教材中"人体与动物生理学"和"生命系统的组成"主题的概念数量比较多,占概念总数的比例比较高,分别达到了33.43%和19.70%,其次是"植物学"和"生殖"主题的概念,所占比例分别为10.45%和9.85%。

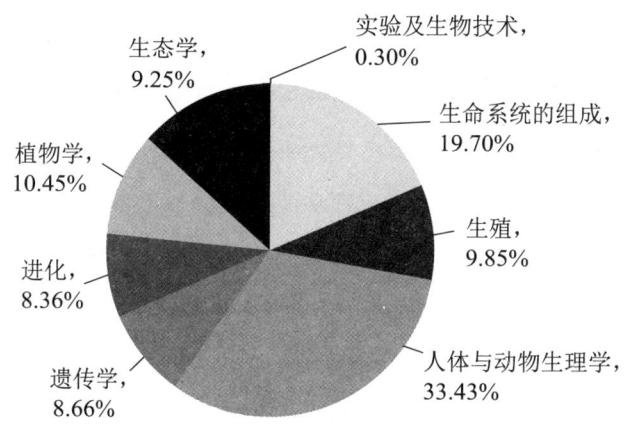

图3-29 美国高中生物学教材的概念构成

美国教材的内容侧重于生态学。纵观整本教材,其内容覆盖了高中阶段生物学的基本领域,对于本研究中的各个一级主题均有涉及。整套教材共分为5个单元,24个主题。第一单元主要是生态系统的基本内容,包括生物之间的关系,食物链和食物网,生命的基础——物质与能量,个体、种群和环境,环境承载量,人类种群,生态系统的结构与稳定性,生物界的物质与能量等内容。其中第一个主题相对于后面几个主题来说,具有一个相对简单的框架,对后面几部分的知识内容之间的关系做了简单的介绍,为学生构建起了这一部分内容的主体思路。第二单元主要介绍微观方面的生命构成,包括细胞的结构和功能、繁殖与胚胎发育、遗传和基因多样性等内容。整个单元的内容整体上围绕微观生物学展开,同时也紧密联系了一些宏观的现象，帮助学生将已有的宏观经验和微观知识进行较好的关联。第三单元主要围绕生物圈的多样性和适应性来进行介绍，包括生物圈中生物的分类、原核生物和病毒、真核生物等。这一单元的内容也有比较显著的特点，其第一个主题介绍了生物界的分类，接下来的几个主题分别对不同的生物类别进行了详细的介绍，这种编排方式提纲挈领。就分类学的知识来说，让学生形成正确的知识结构比较重要，教材在这一部分为学生展现了一幅非常清晰的分类图谱。第四单元主要是关于机体功能的知识，包括人类的食物和能量、内环境的稳态、系统间的协调配合、开花植物的形成和功能以及维持和协调。这一单元围绕结构与功能的关系，分别介绍了动物与植物的各种系统组成和功能。最后一个单元的主题是生物圈中的模式，包括过去的生态系统、世界的生物群落、水生生态系统、人类对生态系统的影响。前面四个单元的内容，对整个生物圈从宏观到微观都进行了介绍，最后第五单元再从整体上观察整个生物圈，从而更好地引导学生理解相关内容。

中国三册必修教材每一册都有一个主题，分别为"分子与细胞""遗传与进化""稳态与环境"。《生物1：分子与细胞》分册主要介绍了组成细胞的分子、细胞的基本结构、细胞的物质输入和输出、细胞的能量供应和利用以及细胞的生命历程。《生物2：遗传与进化》分册主要涉及遗传因子的发现、基因和染色体的关系、基因的本质、基因的表达、基因突变及其他变异、从杂交育种到基因工程以及现代生物进化理论《生物3：稳态与环境》分册主要涵盖人体的内环境与稳态、动物和人体生命活动的调节、植物的激素调节、种群和群落、生态系统及其稳定性以及生态环境的保护。从各个分册的主题能够明显看出其侧重点所在。这种设计将高中阶段需要掌握的生物学知识分为三大类，对于学生构建高中生物学各领域内容间的联系是很有帮助的。

四、教材的深度

中美两国教材的深度如表 3-34 所示。

表 3-34　美国与中国高中生物学教材的深度

一级主题	遗传学	生态学	平均
美国	4.304	3.600	3.952
中国	4.000	3.750	3.875

从表 3-34 中的数据可以看出，美国教材的平均深度值高于中国教材，其"遗传学"主题的深度值高于中国教材，而"生态学"主题的深度值却低于中国教材。

中美两国教材中"遗传学"主题和"生态学"主题下核心概念的认知水平分布情况如表 3-35 所示。

表 3-35　美国与中国高中生物学教材中遗传学
和生态学核心概念的认知水平分布　　（单位：个）

认知水平		幼儿园	小学	初中	高中	大学
遗传学	美国	0	0	0.5	9.5	5
	中国	0	0	4.5	13	4.5
生态学	美国	0	1	9	7	3
	中国	0	0	7.5	10	2.5

在"遗传学"主题下，美国教材中出现的核心概念没有中国教材多，但是其所涉及的大学认知水平的核心概念数量高于中国教材，而涉及的初中水平的核心概念数量则低于中国教材。在"生态学"主题下，美国教材中出现的核心概念数量与中国教材相同，但二者在核心概念的认知水平分布上却存在一定的差异。美国教材中出现了小学水平的核心概念，而中国教材中则没有小学水平的核心概念，此外，美国教材中大学水平的核心概念数量仍高于中国教材。

通过对美国教材和中国教材深度的比较分析，能够发现美国教材中的知识尤其是其生态学核心概念是由浅及深地传递的。下面就以"生态学"主题下的"生态系统中的物质循环和能量流动"这一部分为例，来分析美国教材的深度特点。

美国教材在介绍"生态系统中的物质循环和能量流动"这一部分内容时，并没有直接把所有内容放在一起加以详细介绍，而是先在先前的章节中对这一部分内容进行简单的引导式介绍，然后在后面的章节中进行具体的解释。教材中这一部分内容的标题是"生命的基础——物质与能量"，下面分为三个小标题，分别为"所有生命活动都需要能量""太阳和光合作用提供了食物的能量""物质用来构成生命"。考虑到学生还没有开始接触这些知识，教材就通过学生身边的一些事例来引出相关的知识。如在解释"所有生命活动都需要能量"这一小节内容的时候，教材就采用了一系列的小问题来引导学生思考。首先阐明生命活动需要能量来支持。然后提问："那么你的这些能量都来自哪里呢？"接着指出："可能有的人会说是存在于我们的食物当中，如汉堡和薯条。这些能量是化学能量，它们存在于你吃的食物当中，当你开始消化这些食物的时候，你就将这些能量从食物中释放出来了。然后你利用这些能量来支持各种生命活动。"以此为基础，下一小节"太阳和光合作用提供了食物的能量"的内容也就顺其自然地呈现出来了："你食物当中的这些化学能量是从哪儿来的？为了找出这个答案，需要追溯你的食物链。汉堡当中的化学能量来自牛，牛只吃草和谷物，而草并不会再吃其他的东西，那么这些植物是如何获取能量的？"教材以这样的问题引出光合作用，指出光合作用几乎是所有食物能量的基础，接着介绍能量是如何沿着食物链流过整个生态系统的。在介绍能量的利用和消耗时，教材再次举出学生能够亲身体会到的例子予以说明："感受一下你的胳膊，你会感觉到很温暖，这是因为你吃的薯条和汉堡中的化学能量转化为热能，剩下的化学能量被用来维持你的生存和生长。一些热能被用来维持身体温暖，另一些为生命活动的持续而提供的热能大部分就散失在空气中了。"关于光合作用和物质构成以及物质循环的内容，教材在后面的主题当中都有具体的阐释。如，在能量部分不仅介绍了能量的传递，还从化学角度解释了这些能量是怎样产生的、化学中的化合物以及化合物能够分解："当化合物分解的时候就发生了分解反应，对食物进行的消化就包括分解反应。""化学反应包含着能量的转移，通常合成反应需要能量的输入，而分解反应则会释放能量。"通过这些有关化学知识的介绍，教材从根本上揭示了能量的产生和转移，从宏观到微观再到宏观，为学生清晰地展现了能量流动的过程。在介绍物质循环的内容时，教材主要介绍了碳循环，首先从"生命是以碳为基础的"这一内容开始，分别介绍糖类、脂质、蛋白质，说明一切生物中都有碳，最后介绍整个碳循环的路径。这种循序渐进的编写方式有助于学生逐步理解相关概念。

从表3-35中能够看出，美国教材和中国教材中"遗传学"主题下高中认知水平的核心概念数量都是最多的，比较符合高中学段教材的特点。在美国教材中，高中水平的核心概念比例最高，达到63.33%，其次是大学水平的核心概念，达到33.33%；在中国教材中，高中水平的核心概念比例也是最高的，达到59.09%。

在"生态学"主题下，美国教材中初中水平的核心概念数量最多，而中国教材中仍是高中水平的核心概念数量最多，后者比较符合高中学段教材的特点。美国教材中出现的初中水平的核心概念比例最高，达到45.00%，其次是高中水平的核心概念，达到35.00%。中国教材中高中水平的核心概念比例最高，达到50.00%，其次是初中水平的核心概念，达到37.50%。

五、结论与建议

通过对美国教材与中国教材进行难度比较，可以发现中国教材的难度小于美国教材，不仅表现为广度小，同时也表现为深度小。

从广度来看，中国教材与美国教材有比较明显的差距，尤其是在"人体与动物生理学"与"进化"两个主题上差距最为明显，中国教材在这两个主题上与美国教材产生差距的部分原因是一些内容在中国初中生物学教材中已经介绍过，为了避免重复而没有在高中生物学教材中再次呈现。而在"进化"主题下的"分类"部分，日本和美国的教材都进行了详细的阐述，中国教材则仅进行了简单的介绍，主要是生物分类中的基本分类单位——界、门、纲、目、科、属、种，并没有系统地从进化的角度具体介绍每一个门、纲、目下的生物。目前最新版的中国初中生物学教材中这一部分的内容比重有所增大，但是在过去很长一段时间内，这样的分类学内容中国学生可能要到大学阶段学习植物学、动物学的时候才能系统地学到。而进化是生物学领域比较重要的一部分内容，能够帮助学生了解生物的发展历程，是一种动态的生物学知识。因此，应该考虑在中国教材中增加相关内容的比例。

从深度来看，与美国教材相比，中国教材一个比较明显的特点就是核心概念的认知水平比较集中，而美国教材中的核心概念是由浅及深地呈现的。美国著名教育心理学家罗伯特·米尔斯·加涅提出的一种教学内容组织编排方式就是直线式编排——简单部分是复杂部分的基础（Richey，2003），教学内容的组织应该由简到繁、从已知到未知（陈扬光，1995）。中国教材中呈现的核心概念主要集中在高中认知水平上，对于初中和小学水平的核心概念涉及得并不多。因此，可以考虑在中国教材中对初中和小学水平的核心概念进行选择性的呈现。通过这样的方式，唤起学生已有的生物学相关知识，为高水平的重要概念的学习做铺垫，以获得更好的学习效果。

第四章

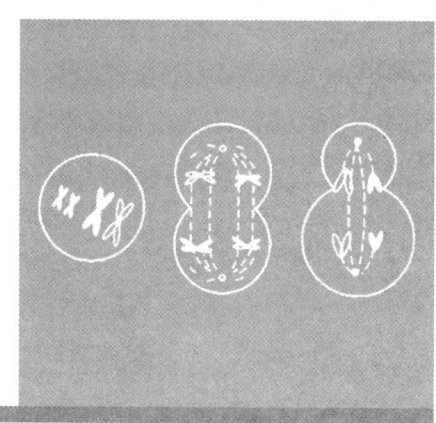

各国高中生物学教材特点分析及对中国教材改革的建议

第一节 各国高中生物学教材特点分析

教材的知识内容通过教材的组织结构呈现出来，从组成教材的文本、栏目、实验、探究活动、习题、插图等入手，对教材进行分层、微观的分析比较，判明其与教材广度、深度、难度的联系，分析各国教材的特点，能为中国教材的改革和科学设计提供有价值的参考依据。

根据对各国教材的比较和分析，可以发现高中生物学教材的特点主要包括以下六个方面。

一、重视实验及生物技术的教学

实验及生物技术是生物学科的重要组成部分，各国教材普遍重视包括信息技术在内的各种新技术，注重学生的发展与潜能的发掘，包括自主性的形成、个性的发展等。

例如，德国教材非常重视科学技术的教育和普及，提到了非常多的相关技术。在观察细胞时提到了显微镜技术；在介绍酶的应用时提到了酶技术和蛋白质工程；在介绍遗传物质DNA时提到了凝胶电泳和密度梯度离心技术；在讲解DNA分析时提到了DNA微阵列技术和DNA测序技术、毛细管电泳技术和鸟枪法；在介绍染色体分析时提到了染色体核型分析技术；在讲解胚胎工程时提到了胚胎移植和双杂交技术。除此之外，还提到了色谱分析、酶联免疫吸附测定技术。这些都是非常前沿的技术，说明德国确实非常重视在教学中提及实验的相关技术。这种设计有利于培养学生的能力，开阔学生的眼界。

又如，韩国教材注重传达与生物技术相关的社会责任。生物技术与现实生活密切相关，有助于改善人类的生活质量，同时也是生命科学领域的前沿研究内容，很有必要让学生在高中阶段了解或理解，甚至亲自动手进行实验操作，以提高他们对于生命科学的认识和理解，同时也为他们今后的职业规划提供更多选择。因此，教材中有章节专门介绍了与生物技术相关的社会责任，分别从农业发展、疾病治疗、环境保护三个维度来说明生物技术应发挥的作用和价值。在农业发展方面，介绍转基因生物带来的高产量高品质农产品。在疾病治疗方面，指出体细胞基因治疗技术在治疗重症联合免疫缺陷中发挥了重要作用。在环境保护方面，指出可以对拟南芥的基因进行改造，以使其吸附环境中的重金属；可以对杨树基因进行改造，以使其吸附吸收环境中的污染物，降低污染物的毒性；转基因细菌可以分解石油，降低石油泄漏造成的海洋污染程度。

二、重视核心概念的传递

各国教材都十分注重核心概念的传递，无论是教材中栏目的设置，还是标题的呈现，以及内容体系的构建，都能够很好地体现这一特色。例如，德国教材没有设置过多的栏目，而是以知识讲授和图片为主要内容。这说明德国并不强调设置一些特色栏目以使学生更好地理解教材的内容，而是更注重知识性和专业性，注重概念的讲解。

三、注重STS教育理念的渗透

基于科学技术迅猛发展的时代背景及由此产生的一些社会问题，STS于20世纪80年代被正式提出，引发了人们对现实生活中科技问题的关注，以及对于科学教育内容和价值的思考。STS是一种教育理念，也是一种教学策略。它强调学生的主体作用，认为科学要着眼于现实世界，强调学生的创造力、决策能力等综合能力，期望学生在学习中形成社会责任感。

STS理论注重对科学、技术、社会三者之间关系的理解；课程目标从科学知识扩大到科学过程，包括科学态度、价值观、判断力、审美意识，对科学方法的运用，对社会问题的正确判断和解决能力。

韩国教材充分体现了其课程标准中所强调的STS教育理念。教材的序言部分特别强调了STS，认为生命科学是一门综合性的学科，学生除了理解生物学基本概念外，还要在科学研究、决策能力以及科学的态度和价值观方面有一定的发展，这些能力也是应对新世纪挑战的关键点，而 STS 能够非常好地提高学生的这些能力。

韩国教材上下两册共有 32 个 STS 主题，其中上册有 18 个，下册有 14 个。平均每两节或三节内容后就会出现一个 STS 主题，与所学内容密切相关，有助于学生加强知识内容的学习，同时提高与之相关的综合能力。绝大多数内容以阅读材料的形式呈现。

韩国教材中的一些 STS 主题独具特色。例如，在生物与日常生活方面，教材特别关注了肥胖与饮食、反渗透等问题。随着生活水平的日益提高，不良的饮食习惯容易导致肥胖，肥胖问题目前已成为一个社会现象。从饮食入手杜绝肥胖，对于提高人们的生活品质非常重要。反渗透技术在日常生活中发挥着越来越重要的作用，通常用于海水的淡化处理、水的软化处理、废水处理及医药工业或化学工业的提纯浓缩分离等。在生物与医疗健康方面，教材特别关注了糖尿病的成因、疫苗的发展、抗生素耐药性。糖尿病一直是威胁人类健康的疾病之一，且发病率较高，因此，让学生了解这方面的知识很有必要。另外，随着近年来流行疾病的频繁暴发，疫苗和抗生素成为重要的话题，有必要让学生深入学习。在生物与环境保护/生态方面，教材特别关注了全球变暖、人口增长、草原生态、保护区发展，这些都是现今社会的重要议题。在生物与资源方面，教材特别关注了国家生物资源状况与节能发电，体现了可持续发展的理念。在生物与现代科技方面，教材关注了生物信息学、脑科学、DNA 条形码技术。其中，脑科学对于阐明脑功能、提高认知能力、征服脑疾患等发挥着重要作用，也是目前前沿的生物学分支学科之一。在生物与进化方面，教材关注了进化理论的发展历程，在一定程度上加深了学生对于科学本质的理解，也培养了他们的思辨能力。

四、注重概念间的联系

例如,在新加坡教材中,能量是六个主题中的第三个,包括第13—18章共6章内容。教材以能量为主线,将个体水平的能量合成与代谢、细胞水平的呼吸作用与生态系统有机融合起来;加入生态学的相关内容,强调环境保护和人类的责任,体现了生物学科的人文关怀;将生物学知识框架中的能量代谢与生态学内容紧密联系起来,将生物体的同化作用、异化作用与生态系统的运转联系起来。

第13章首先介绍了热力学第一定律和热力学第二定律、动能和势能,从物理化学的角度进行简单阐述。这种基于一个主题、涉及跨学科内容的编写方式,能让学生对该主题有更全面深入的了解。接着介绍能量与同化作用、异化作用间的关系,并用带有双线箭头的公式将光合作用和呼吸作用的相互关系表示出来,让学生从整体角度理解能量代谢。

第14章的开头部分首先对第13章的内容进行总结,提出本章的重点主要是探讨自养营养中的光合作用,即生物体是如何合成能量物质的。具体介绍了叶片结构、光吸收的机制、光合作用的机制以及影响光合作用的因素等。

第15章从生物体水平探讨生物是如何消耗能量物质的,介绍了人的动物性营养。值得一提的是,教材还将一般出现在生态学模块中的寄生、互利共生等概念以能量为主线有机地融合到本章内容中。

第16章在开头部分回顾了第13—15章的内容,并提出前几章主要是从个体水平探讨能量物质及其合成和利用。然而葡萄糖等物质不能被细胞直接吸收利用,因此第16章就从细胞水平探究能量物质是如何被细胞利用的。教材首先介绍ATP,接着介绍糖酵解、三羧酸循环以及电子传递链,接着介绍呼吸底物、呼吸熵。至此,能量在个体水平和细胞水平的运作已经得到了清楚的介绍,然而教材并未止步于此,而是以能量为主线,将生物体与生态系统联系起来,构成第17、第18章的内容。

第 17 章开头简要介绍了生态位、生物圈等生态学相关概念，接着着重关注生态系统中的能量流动和物质循环。在"生态系统的能量流动"一节介绍了食物链、食物网、能量金字塔等概念，在"物质循环"一节介绍了碳循环、氮循环。值得一提的是，"物质循环"的下一节集中介绍了生态技术，这也是教材编写的一个亮点。教材指出，在生态学研究中能够测量各种环境参数是非常重要的，包括温度、pH、光照强度、湿度、风速、水速、盐度、含氧量，并针对每个参数列举了测量仪器，同时配上仪器示意图。教材中出现的生态技术还包括随机抽样、收集生物体的方法，均给出了较为详细的介绍。本章还介绍了种群、群落、演替。

第 18 章的内容更多偏重于生态保护方面，指出了人类活动对于生态系统的影响，主要介绍了可再生资源、不可再生资源、污染、保护策略。本章的亮点在于用很多篇幅介绍污染和保护策略这两个话题，以污染为例，教材分别介绍了空气污染、水污染、土壤污染，还介绍了导致这些污染的原因。

五、注重概念深度的螺旋式上升

从深度来看，新加坡教材中的遗传学核心概念在从小学到大学的四个认知水平上均有分布，峰值出现在高中水平，不过大学水平的核心概念得分与高中水平的核心概念相比差别不太大。这样的编写方式使得对同一主题下相关核心概念的阐释由浅入深，呈现出一种螺旋式上升的结构，使核心概念更容易被学生学习和理解。教材中的遗传学核心概念主要出现在第二个主题下的第 6—10 章。

小学水平的核心概念"亲代与子代之间，子代与子代之间，往往有很大的相似之处，但不是一模一样"，以及初中水平的核心概念"在进行有性生殖的生物体中，通常是一半基因来自父亲，一半基因来自母亲"出现在第 6 章，也就是这个主题的引入部分，让学生在学习这个主题的其他内容前可以简单回顾关于遗传和变异的基本知识。高中水平的 12 个核心概念中，有 7 个出现在第 7 章，2 个出现在第 9 章，2 个出现在第 10 章。第 7 章中出现了一些核心概念，如"每个物种有其特有的 DNA 序列""DNA 分子是由四种小分子（脱氧核苷酸）组成的长链，两条反向平行的长链形成双螺旋结构""储存于 DNA 上的遗传信息用于指导成千上万个蛋白质的合成。信息流通常是由 DNA 到 RNA，再到蛋白质"等，主要涉及 DNA 的基本结构、DNA 的复制、DNA 指导蛋白质的合成。第 9 章出现的核心概念包括"有性生殖中基因的分离和自由组合使得子代的基因型和表现型有多种可能，并可由此预测子代的遗传性状""性染色体上的基因传递总是和性别相关联"，主要涉及孟德尔分离和自由组合遗传定律。可以看出，第 9 章的内容是在第 7 章"DNA 的结构和功能"基础上的进一步探讨。有些基因在传递过程中会产生突变，这就涉及第 10 章"遗传突变"的内容，在这一章中出现了"插入、删减或取代 DNA 片段都可能会改变基因"这样的核心概念。大学水平的核心概念主要出现在第 9、第 10 章，主要涉及不完全显性、复等位基因、多基因遗传、染色体结构变异。以复等位基因为例，教材先表明之前的例子均是两种等位形式，而有些基因有两种以上的等位形式，然后用 ABO 血型的例子进行解释。总之，大学水平的概念没有涉及很难的内容，主要倾向于在原有概念的基础上适当扩展，从而为以后的学习打下基础。

日本教材 Ⅰ、Ⅱ 两册之间在内容上呈螺旋上升式而非直线式的结构。不仅两册教材之间，而且在第 Ⅰ 册的不同章甚至同一章内的不同节之间也都遵循螺旋上升的结构安排。内容编排有意识地把问题层次化，相似内容第一次出现时只要求学生掌握较为表层的现象或基本原理，然后在出现相关问题时又一次提出同样的问题，以旧引新，逐步引导学生深入理解，以点带线，以线带面，最终达到灵活运用的目的。这种层次化的逐渐深入，既利于学生对于知识的深层理解，也利于相关概念的迁移应用。

六、注重数据整理和统计分析在生命科学研究中的作用

实事求是、力求精准的科学精神对于生命科学的实验研究是非常重要的，在培养学生养成良好科学研究习惯的过程中，让学生掌握数据整理和统计分析技能非常有必要。新加坡教材在第10章用了将近半章的篇幅来介绍这些内容。在数据整理方面，教材举了一个频度分布的例子，介绍了6种数据呈现方式，分别是数据表、线形图、直方图、条形图、风筝图、饼图，并介绍了每种方式的侧重点。这样的编排让学生既了解了不同的数据呈现方式，也认识到对于同一个数据可以根据需要采用不同的呈现方式。在统计分析方面，教材用实际案例详细介绍了频度分布、卡方检验和T检验，涉及相关的计算公式等内容。新加坡教材对于实验数据整理和统计分析方法的重视，充分体现了生物学课程是科学课程的理念。

第二节 对中国高中生物学教材改革的建议

如前所述，本研究通过对10个国家的高中生物学教材进行广度、深度和难度的全面比较，判明了中国高中生物学教材难度在国际上的位置、优势和局限。通过对这些教材的比较和分析，针对教材内容结构和呈现方式，本研究对中国高中生物学教材提出以下五个方面的改革建议。

一、维持高中生物学教材现有难度水平

在10个国家的教材中，中国高中生物学教材广度位列第7，深度位列第5，难度位列第7。这说明中国高中生物学教材的难度在国际教育发达国家中处于中等水平。此外，日本、韩国这两个亚洲邻国的教材难度分别排在第5、第6位，可见中、日、韩三个亚洲国家的教材难度水平较为接近。

中国中学生存在着学习负担过重的现状，不可否认，课程难度是导致这种现状的一个重要制度性因素，而这也是中国课程改革希望解决的主要

问题之一。然而,课程难度并不仅仅表现为教材难度。正如本研究通过教材分析比较得出的结论所示,事实上中国高中生物学教材的难度在教育发达国家中仅处于中等偏低水平。中学生学习负担过重,不能完全归咎于制度性因素,诸如心理负担、未来职业规划等很多非制度性因素也是值得关注的。

因此,在今后的中国高中生物学教材编写过程中,应当继续维持教材当前的难度水平。从课程设计的角度来看,这一方面可以保证学生接受良好的科学教育,另一方面也不会给学生的学习增添过多的负担。

二、适当增加关于"进化"主题的内容

通过对10个国家高中生物学教材不同主题下的概念分布情况进行比较研究可以发现,与其他几个国家的教材相比,中国高中生物学教材中"进化"主题下只有7个概念,占概念总数的2.72%。特别是"分类"这个二级主题,中国教材完全没有涉及。

其他国家的教材则正好相反。例如澳大利亚教材在"进化"主题下对界、门、纲、目、科、属、种及双名法等概念进行了阐释,并涉及了一部分关于界和门的概念。日本教材则更加重视关于进化的科学教育,设计了"生物的进化""生物的进化与系统"两个主要章节,以培养学生尊重生命和珍惜生命的意识。韩国教材中"进化"主题的内容范围广且具有特色,不但出现了"瓶颈效应""现代综合进化理论"等概念,同时也从进化的角度介绍了门、纲、目的代表生物。美国教材也从进化的角度介绍了不同生物门的主要特征。

相比之下,中国教材中"进化"主题的概念所占比例偏低,且在10个国家的教材中排名靠后。由于二级主题"分类"的缺失,中国教材中缺少关于界、门、纲、目、科、属、种的分类知识,使得高中阶段知识与大学阶段知识之间出现断层。

进化是生物学中最基本的理论之一,美国生物学家杜布赞斯基曾提

到，进化是生物学领域中很综合、很重要的一部分（Dobzhansky，1973）。在高中生物学教育中，进化是一个能够串联生物学知识的重要主题。有关进化的内容可以帮助学生形成良好的分类知识框架，清晰地认识生物界，这一主题在帮助学生理解生命世界及形成唯物主义自然观方面具有重要的积极作用。因而可尝试在中国高中生物学教材中适当增加关于进化的内容。

三、注重概念编排的螺旋式上升

概念内涵的深度会影响教材的难度。高中生具有一定的符合其年龄的知识基础和认知发展水平，过深的概念内涵会影响他们对概念的理解。因而教材在概念选择和设计上应当依据学习进阶理论，充分考虑各个学段学生的认知发展水平。

在编写教材时，适当出现大学认知水平的概念可以帮助学生更准确、更深入地理解生物世界，只要注重相关概念的表达方式（不引入过多新术语）和概念编排的螺旋式上升（加入相应的小学、初中认知水平的概念），就不会影响教材整体难度。

四、加强概念之间的联系

对于教材编写而言，概念的选择和概念内涵的范围是两个重要的方面。学生的学习不能仅仅停留于背诵孤立的事实与信息，而是应当基于概念理解建构知识结构与框架（刘恩山，2011a）。概念作为教学的基本单位，在每个学科当中都会大量涉及。这些概念并不是孤立存在的，而是彼此之间有着某种逻辑关系。

作为课程的文本呈现方式，教材中概念的呈现及联系是影响教材难度的因素之一。教材在编写上应充分建立并加强不同概念之间的联系，凸显概念的网络结构，帮助学生逐步构建概念网络，从而提高教材的使用效率。

五、注重渗透 STEM 教育理念

"STEM"（Science，Technology，Engineering and Mathematics）中的四个大写英文字母分别指代科学、技术、工程与数学，因而 STEM 教育也被称作科学、技术、工程与数学教育。美国在 2006 年颁布的《美国竞争力计划》（American Competitiveness Initiative，简称 ACI）中提出了教育要培养 STEM 人才的要求。随后，各个国家开始认识到 STEM 人才对于提高本国国际竞争力的重要性，不断加大对于 STEM 教育的投入，以期获得具备高水平 STEM 知识与技能的学生，提高本国在科学与技术方面的国际竞争力。

在 STEM 教育中，科学、技术、工程与数学被认为是相互支撑、共同发展的，STEM 教育强调不同学科之间内容的融合及综合运用，因而任何一个部分都是重要且不可或缺的组成要素。而生物学科作为一门重要的科学课程，也有必要将技术、工程与数学的相关内容融入课程设计之中，使学生充分认识到不同学科之间的相互关系。这能为他们从更深层次上理解相关概念提供必要的帮助。

中国引入 STEM 教育理念相对比较晚，STEM 教育在中学还未得到充分的普及。然而，在教育学术领域，STEM 教育普及的重要性已经得到了诸多学者的认同。对于中国教材改革而言，在编写时应在这方面做出一定的尝试和努力，将 STEM 教育融入高中生物学教学当中，一方面促进学生在科学、技术、工程与数学方面获得更多的提升，另一方面引导更多的学生明确未来的职业规划，为将来从事相关工作做好准备。

参考文献

阿兰，肖邦，汪凌，2003. 法国的教科书：编写、使用和培训［J］. 全球教育展望（6）：1.

白美玲，2006. 当代俄罗斯基础教育课程改革研究［D］. 上海：华东师范大学.

毕苑，2007. 中国近代教科书研究［J］. 教育学报（1）：79-81.

蔡铁权，陈丽华，2011. 我国科学教育研究述评［J］. 全球教育展望（6）：74-83.

蔡铁权，2002. STS 教育和教育改革［J］. 浙江师范大学学报（自然科学版）（5）：27-29.

陈莉，2008. 全球化背景下的新加坡双语教育［D］. 长春：东北师范大学.

陈为霞，2009. 量化方法在教科书研究中运用的现状分析及问题反思［D］. 长春：东北师范大学.

陈曦，2008. "少教多学"：新加坡教育改革新视角［J］. 外国中小学教育（7）：39-42.

陈扬光，1995. 课程设计的两个维度：纵向组织与横向组织原则［J］. 外国教育研究（5）：42-46.

陈月茹，2007. 国际教科书研究要素综述［J］. 外国教育研究（6）：77-80.

初蕾，2011. 国内五个版本新课程标准高中生物教科书（选修2）比较分析［D］. 哈尔滨：哈尔滨师范大学.

辞海编辑委员会，1999. 辞海［M］. 上海：上海辞书出版社.

邓红红，2006. 俄罗斯学制的特点及发展趋势［J］. 教育探索（5）：53-54.

邓可，刘恩山，2009. 美国"2061计划"高中生物学教材评估内容、特点及启示［J］. 生物学通报（8）：44-47.

丁邦平，罗星凯，2008. 论科学教育研究与科学教育改革［J］. 教育研究（2）：75-80.

丁朝蓬，2000. 教材评价的本质、标准及过程［J］. 课程·教材·教法（9）：36-38.

丁朝蓬，2001. 教科书结构分析与内容质量评价［J］. 教育理论与实践（8）：61-64.

高凌飚，2007. 教材评价维度与标准［J］. 教育发展研究（12）：8-12.

顾明远，1998. 教育大辞典（增订合卷本）[M]. 上海：上海教育出版社.

国家教委情报研究室，1988. 今日日本教育改革[M]. 北京：北京工业大学出版社.

郝文武，2012. 科学减负：合理确定学生学业量度[J]. 中国教育学刊（11）：27-30.

何佳，何惧，席雁，等，2007. 评分者信度的分析方法简介及比较[J]. 中国现代医生（6）：76-77.

胡卫平，2007. 科学教育的研究趋势与展望[J]. 华东师范大学学报（教育科学版）（4）：44-51.

胡献忠，2001. 新版英国《国家科学教育课程标准》及其启示[J]. 全球教育展望（3）：44-49.

黄甫全，王晶，1994. 课程难度刍论[J]. 东北师大学报（哲学社会科学版）（4）：91-96.

黄甫全，1995. 对中小学课程难度灰色模型 GM_ s (1, 1) 的探索[J]. 系统工程理论与实践（10）：63-70.

黄徐丰，李玲，2012. 人教版与北师大版高中生物"分子与细胞"作业系统的比较分析[J]. 中学生物学，28（1）：23-25.

惠新义，2007. 新加坡高中课程结构改革及其启示[J]. 武汉市教育科学研究院学报（2）：147.

金京泽，2004. 韩国科学教育[D]. 上海：华东师范大学.

康长运，2001. 世界主要国家和地区的教科书选用制度[J]. 现代出版（3）：59-61.

科瑞柴科，2013. 革命性的变化：美国确立新一代科学教育框架[J]. 基础教育课程（Z1）：82-85.

孔凡哲，王郢，2006. 我国中小学教科书评价发展的趋势分析[J]. 管理与评价（6）：27-30.

孔凡哲，史宁中，2006. 现行教科书课程难度的静态定量对比分析——以初中数学课程标准实验教科书"不等式""四边形"课程内容为例[J]. 教育科学，22（3）：40-43.

孔凡哲，史宁中，2007. 教科书质量及其影响因素[J]. 教育发展研究（12）：13-17.

孔凡哲，张怡，2007. 教科书研究方法与质量保障研究[M]. 长春：东北师范大学出版社.

孔凡哲，2004. 基础教育教科书质量保障机制的国际比较及启示[J]. 东北师大学报（哲学社会科学版）(6)：36-42.

李大光，1996. 今日新加坡教育[M]. 广州：广东教育出版社：30-32.

李复新，1992. 法国中小学教科书的编写和出版制度[J]. 课程·教材·教法（8）：61-62.

李高峰，2011. 中美两国高中生物学教材"与生物学相关的职业"栏目比较[J]. 生物学教学，36（1）：6-8.

李红菊，刘恩山，2010. 中小学生物学课程中生态学重要概念的筛选及其表述[J]. 生物学通报，45（10）：31-34.

李宁，2012. 欧美主要国家教科书研究机构简介［J］. 山东教育（小学刊）（9）：16.

李庆文，吴相钰，2000. 美国 BSCS 生物教材及其特色［J］. 生物学通报（1）：36-37.

李水山，2004. 韩国教育改革的得与失［J］. 高等农业教育，1（1）：3-7.

李协京，2012. 近期韩国教育科技发展战略［J］. 教育史研究（1）：82-87.

李祖祥，2007. 教科书分析的三种取向［J］. 湖南师范大学教育科学学报（5）：10-13.

刘恩山，张颖之，2010. 课堂教学中的生物学概念及其表述方式［J］. 生物学通报，45（7）：40-42.

刘恩山，1988a. 澳大利亚中小学的环境教育［J］. 外国教育动态（4）：59-62.

刘恩山，1988b. 澳大利亚中学生物教学中的考试与考核［J］. 生物学通报（5）：40-43.

刘恩山，2003a.《普通高中生物课程标准》的设计思路和主要特点［J］. 生物学通报，38（5）：28-30.

刘恩山，2003b. 中学生物学教学论［M］. 2 版. 北京：高等教育出版社：46-52.

刘恩山，2011a. 中学生物学教学中概念的表述与传递［J］. 中学生物学，27（1）：3-5.

刘恩山，2011b. 最为活跃的课程改革领域之一：义务教育生物课程改革十年回顾［J］. 基础教育课程（7）：70-76.

刘瑞生，2003. 美国"2061 计划"的中学教材评估［J］. 比较教育研究（10）：56-61.

刘欣，2007. 发达国家教科书制度比较研究及启示［J］. 内蒙古师范大学学报（教育科学版）（8）：65-67.

马学斌，2003. 布鲁纳课程理论的人本主义转向探析［J］. 云梦学刊（1）：99.

皮凤英，2002. "动手做"：法国科学教育计划［J］. 外国中小学教育（4）：17-19.

朴银花，2011. 中韩高中生物教科书解析［D］. 长春：东北师范大学.

曲恒昌，1998. 韩国中小学教学用书制度的现状与改革［J］. 比较教育研究（5）：49-52.

热拉尔，2009. 为了学习的教科书：编写、评估、使用［M］. 汪凌，译. 上海：华东师范大学出版社.

任亚南，2009. 质化方法在教科书研究中运用的现状分析及问题反思［D］. 长春：东北师范大学.

沈晓敏，2001. 世界各国教科书制度对我国的启示［J］. 全球教育展望（9）：66-71.

史宁中，孔凡哲，李淑文，2005. 课程难度模型：我国义务教育几何课程难度的对比［J］. 东北师大学报（哲学社会科学版）（6）：151-155.

谭菲，马金晶，2011. 韩国2007年高中课程改革的背景、内容及特点分析［J］. 教育探索（3）：145-146.

王荣生，2007. 从德国两个州的课程标准看语文课程形态的筹划［J］. 外国中小学教育（8）：44-46.

王世存，王后雄，2011. 国际科学教育发展：路径、问题与对策［J］. 教育科学研究（10）：73-76.

王淑莲，2005. 20世纪法国中学课程改革与设置探析［J］. 教学与管理（12）：95-96.

王威，刘恩山，2012. 美国科学教育框架设计理念的发展动态［J］. 外国教育研究（8）：70-75.

王向红，康长运，2007. 开放、民主、多样化：韩国教科书制度新走向［J］. 比较教育研究（10）：89-92.

王小莎，2010. 国际教科书评价方法研究［D］. 济南：山东师范大学.

王艺璇，2009. 上海与新加坡高中生物课程标准比较研究［D］. 上海：华东师范大学.

王岳，1997. 国际教科书出版概观［J］. 中国出版（8）：57-59.

魏运华，李俏，2007. 我国中小学教材研究述评［J］. 课程·教材·教法（8）：8-13.

吴瑞祥，2003. 关于教科书分析与评价的理论探讨［D］. 上海：华东师范大学.

谢歆，2009. 小学数学新、旧教材的比较研究——以人教版小学四年级上学期教材为例［J］. 新课程研究（基础教育）（12）：26-28.

杨秀治，刘宝存，2002. 中小学生学习负担的国际比较［J］. 上海教育科研（4）：20.

杨玉琴，王祖浩，张新宇，2012. 美国课程一致性研究的演进与启示［J］. 外国教育研究（1）：113-121.

姚冬琳，2011. 内容分析法在教科书研究中的应用［J］. 现代教育科学（4）：45-47.

张廷凯，2009. 几个国家普通高中阶段课程设置模式的比较研究［J］. 云南教育（视界综合版）（3）：35-41.

张颖之，刘恩山，2010a. 核心概念在理科教学中的地位和作用——从记忆事实向理解概念的转变［J］. 教育学报，6（1）：57-61.

张颖之，刘恩山，2010b. 基础教育课程中遗传学核心概念内容和呈现方式的研究［J］. 课程·教材·教法，30（10）：81-84.

赵春娟，2001. 澳大利亚中小学教育面面观［J］. 教学与管理（7）：78-79.

赵璐，李高峰，2012. 中美高中生物教材中"与生物学相关的学科"的比较［J］. 中学生物学,28(1):60-62.

赵序,2003. 浅论新加坡教育改革[D]. 南京:中南民族大学.

赵颖,陈少贤,2013. 大气污染物浓度与呼吸系统疾病住院率相关性分析[J]. 中国社会医学杂志,30(1):63-65.

中华人民共和国教育部,2001. 基础教育课程改革纲要(试行)[S]. 教基(2001)17号.

中华人民共和国教育部,2003. 普通高中生物课程标准(实验)[M]. 北京:人民教育出版社.

周金城,邱美虹,2005. 美国百年科学教育的发展[J]. 教育资料与研究(双月刊),64:19-40.

周丽华,胡劲松,2002. 德国中小学教科书的审批和选用制度:以黑森州为例[J]. 课程·教材·教法(11):75-78.

周丽威,宋金枝,王亚娣,2009. 日本高中生物学学习指导要领介绍[J]. 生物学教学(7):21-22.

周丽威,2008. 中日两国高中生物学教材特色的比较分析[J]. 生物学教学(9):12-14.

周阳,汪忠,2006. 新加坡高中生物教材分析[J]. 生物学教学(12):14-17.

BRUNER J S, 1960. The process of education [M]. Cambridge, MA: Harvard University Press.

CARTER L, 2005. Globalisation and science education: rethinking science education reforms [J]. Journal of Research in Science Teaching, 42 (5): 561-580.

CHIANG-SOONG B, YAGER R E, 1993. The inclusion of STS material in the most frequently used secondary science textbooks in the US [J]. Journal of Research in Science Teaching, 30 (4): 339-349.

DOBZHANSKY T, 1973. Nothing in biology makes sense except in the light of evolution [J]. The American Biology Teacher, 35 (3): 125-129.

GERARD F, ROEGIERS X, 2009. Des manuels scolaires pour apprendre: concevoir, evaluer, utiliser [M]. De Boeck Supérieur.

HODSON D, 2003. Time for action: science education for an alternative future [J]. International Journal of Science Education, 25 (6): 645-670.

MIKK J, 2000. Textbook: research and writing (Baltische Studien zur Erziehungs und Sozialwissenschaft, Band 3) [M]. Berlin: Peter Lang.

NATIONAL RESEARCH COUNCIL, 2011. A Framework for K-12 science education: practices, crosscutting concepts, and core ideas [M]. Washington, D. C.: The National Academies Press.

PORTER A, SMITHSON J, 2001. Defining, developing, and using curriculum indicators (CPRE Research Report Series No. RR-048) [R]. Philadelphia, PA: Consortium for Policy Research in Education.

RICHEY R C, 2003. The legacy of Robert M. Gagne [J]. Educational Technology Research and Development, 51: 77-78.

ROSEMAN J E, STERN L, KOPPAL M, 2010. A method for analyzing the coherence of high school biology textbooks [J]. Journal of Research in Science Teaching, 47 (1): 47-70.

ROTBAIN Y, MARBACH-AD G, STAVY R, 2006. Effect of bead and illustration models on high school students' achievement in molecular genetics [J]. Journal of Research in Science Teaching, 43 (5): 500-529.

WEINBRENNER P, 1992. Methodologies of textbook analysis used to date [M] // Bourdillon H. History and social studies: methodologies of textbooks analysis. Amsterdam: Swets and Zeitlinger: 21-34.

WEISS I, PASLEY J, SMITH P, et al., 2003. Looking inside the classroom: a study of K-12 mathematics and science education in The United States [Z]. Chapel Hill, NC: Horizon Research.

YAGER R E, 1992. Viewpoint: what we did not learn from the 60s about science curriculum reform [J]. Journal of Research in Science Teaching, 29 (8): 905-910.

索　引

A

澳大利亚　4，5，9，19，25－27，41－46，48，49，53，55－69，158

C

初中　6，9，10，17，24，29，46，61－63，65－69，73，74，79，80，87，89，90，97，98，105，107－109，115－118，120，123，125，130，132－134，142，145，147，148，155，159

D

大学　4，6，9，10，16，17，19，25，27，29，46，47，60，63，65－68，73，74，79，80，89，90，93，97，98，105，115－120，125，130，132－134，145，147，148，155，156，158，159

德国　4，25，41－49，53，75－81，151，152

定量研究　31

动态研究　3

动物的生殖　58，65，73，86，87，141

E

俄罗斯　4，41，43，45，46，48，49，53，120－124

二级主题　6－8，56－65，70－73，77，84－87，95，104，112，113，118，128－130，133，136，139－142，158

F

法国　4，5，18，25，26，41－46，48，49，53，82－91，121

分类　5，30，33，42，55，58，65，72，76，77，86，87，94，102－104，113，118，124，141，142，144，148，158，159

分析工具　6－11，32，33，41，44，48，49，55，70，73，76，83，84，89，90，94，101，109，126，137，138

G

概念　5－8，15－22，32，34，36，41－44，48，51，56，57，59－71，74，76－78，80，81，83－85，87，89－91，93－99，101－108，110－113，118－124，127－130，133，134，138－140，142，143，147，148，152－156，158－160

高中　4－12，17，22，24－27，29，31，37，38，41－51，53，55－57，59，62，65－71，73－80，82－85，87－91，93－98，100，101，103－111，114－118，120－123，125－127，130－134，136－140，

142-145, 147, 148, 151, 153, 155, 157-160

骨骼和肌肉系统　57, 72, 85, 87, 95, 140

广度　5-7, 11, 16, 17, 22, 41-44, 48-50, 55-57, 59-66, 68-70, 74, 76, 77, 82-84, 87, 90, 91, 94, 95, 101, 102, 104, 106, 107, 109-113, 116, 117, 121, 122, 124, 126-130, 133, 136-139, 148, 151, 157

国际科学教育　3, 18-20, 24

H

韩国　4, 41, 43-46, 48, 49, 53, 108-120, 151-153, 157, 158

核心概念　6, 8-11, 17, 22, 44, 46-48, 62, 66-68, 73, 74, 79-81, 88-91, 97-100, 105, 106, 114-117, 120, 130-134, 145-148, 152, 155, 156

呼吸、呼吸系统与呼吸作用　57, 62, 63, 72, 85, 112, 129, 133, 136, 140, 142

呼吸作用　57, 61, 63, 72, 85, 112, 134, 140, 154

J

基础教育　3, 19, 23, 24, 27, 31, 50, 51, 69, 120, 121

2061计划　18, 19, 21, 22, 26, 36

健康与疾病/免疫系统　57, 62, 72, 85, 112, 140, 142

教材　3, 4, 15-17, 19-38, 41-51, 53, 55-57, 59-71, 73-85, 87-91, 93-140, 142-148, 151-160

教材多样化　27

教材评价　25, 30, 31, 35-37

教材质量　23, 25, 27, 28, 68

教育发达国家　4, 5, 19, 49, 50, 157, 158

进化　6, 42, 43, 51, 56, 58-60, 63-65, 69, 70, 72, 77, 83, 84, 86, 87, 91, 101-104, 111-113, 116-121, 124, 128, 129, 138, 139, 141, 142, 144, 148, 153, 158, 159

进化的证据　58, 72, 86, 104, 113, 129, 141

静态研究　3

K

卡方检验　43, 47, 48, 56, 59, 67, 78, 96, 102, 157

科学教育　3, 17-22, 24, 26, 27, 75, 82, 91-93, 108, 116, 117, 125, 137, 152, 158

科学教育发展　17, 20, 21

课程标准　3, 6, 8, 9, 15, 21, 23, 26-28, 32, 34, 36, 37, 50, 69, 75, 80, 91-93, 109, 117, 120, 121, 125, 133, 134, 136, 142, 152

课程改革　3, 19-25, 27, 29, 69, 82, 100, 108, 109, 157

L

拉马克学说　58, 72, 86, 104, 113, 129, 141

M

美国　4, 5, 9, 18-22, 24-26, 29, 36,

41－46，48，49，53，106，116，117，136－143，145－148，158，160

孟德尔遗传学　58，72，77，86，87，141

难度　3，5，11，12，15－17，19，21，23－25，27－29，31－33，35，37，41，43，45，47－51，53，55，68－70，74－76，82，83，87，90，91，94，98－102，105，107－110，120，121，123，125－127，136－138，147，151，157－159

内容分析法　30，31

P

排泄　58，62，63，72，85，140，142

Q

群落　59，66，69，73，86，141，144，155

R

人类的进化　58，72，86，87，103，104，124，141

人类的生殖　58，65，73，86，87，113，141

人体与动物生理学　6，56，62，69，70，72，77，84，95，102，111，112，123，128，129，133，136，138－140，142，143，148

日本　4，25，41－49，53，100－106，148，156－158

S

深度　3，5，6，8－11，16，17，20，22，44，45，47－50，55，66－68，70，73，74，76，79，80，82，83，87－91，94，97，98，101，102，105－107，109，110，113－115，117，118，120－123，126，127，130－132，134，137，138，145，146，148，151，155，157，159

神经和内分泌系统　57，63，72，77，85，112，129，133，140

生长/发育/行为　57，58，64，72，77，85，87，95，112，129，133，140，142

生命起源学说　58，72，86，104，141

生命系统的组成　6，44，59，60，70，71，78，84，85，95，96，101，102，111，112，121，124，127－129，138，140，143

生态环境保护　59，73，81，86，99，141

生态系统　59，66，69，73，86，113，134，135，141－144，146，154，155

生态学　7－9，17，42－44，46，47，51，56，59，66，67，69，70，73，74，78－81，84，86，88－90，97－99，102，105，106，111，113－117，121，123，124，128，130，132－134，137，138，141，143，145－147，154，155

生态演替　59，73，86，141

生物技术　113，116－119，124，151，152

生殖　7，10，42，43，56，58，59，64，65，70，73，83，84，86，87，101，104，111，113，117，118，124，128－130，138，139，141，143，155，156

实验及生物技术　7，66，70，73，77，78，81，83，84，86，95，97，99，111－113，

116－118，122，128，130，138，139，
141，151

STEM 教育　160

STS 教育　75，152

T

统计分析　31，136，157

突变与变异　58，64，72，86，95，141

W

微生物　57，71，85，118，140

无性繁殖　58，73，86，113，141

X

细胞新陈代谢　57，61，71，85，112，128，
129，140

现代进化理论　58，65，72，86，104，113，
129，141

现代遗传学　58，64，72，77，86，87，112，
129，141

小学　3，5，6，9，10，15－17，19－29，
31，33，35－37，46，66，67，69，73，
75，79，82，89，90，92，97，98，100，
105，108，114，115，120，125，126，
130，132，134，145，148，155，159

新加坡　4，41－43，45，46，48，49，53，
75，118，125－136，154，155，157

学习进阶　9，22，51，87，134，159

血液与循环系统　57，62，72，77，85，87，
95，129，140，142

Y

亚洲国家　42，48，75，157

一级主题　6，7，42，56－60，68－73，76－
78，80，83－86，88，94－96，101，
103，104，110，111，121，122，127，
128，130，138－143，145

遗传方式　58，65，72，86，95，141

遗传性状　10，58，72，86，87，129，141，
156

遗传学　5，6，8－10，17，42－44，46，47，
55，56，58，59，64，66，70，72－74，
77－80，84，86－89，91，95，97，98，
102，105，106，111－118，120－122，
124，128－134，138，141，145，147，
155

M

英国　4，9，18，41，43，45－49，53，91－
98，121，125，126

营养与光合作用　57，72，85，140

营养与消化系统　57，62，72，85，140

Y

有丝分裂和减数分裂　58，73，86，113，141

幼儿园　6，9，10，16，17，24，46，66，
67，79，82，89，90，97，105，114，
115，130，132，145

Z

知识框架　7，17，80，81，91，99，112，
126，128，129，133，134，142，154，
159

植物的生殖　58，73，86，130，141

植物学　6，42－44，56，57，59，61，62，

70, 72, 84, 85, 101, 111, 112, 124, 128, 129, 138－140, 143, 148

中国　3－5, 9, 12, 19, 20, 23, 25－27, 31, 41－50, 53, 55－71, 73－91, 94－99, 101－107, 109－120, 125－142, 144－148, 151, 153, 155, 157－160

种群　59, 66, 69, 73, 86, 141, 143, 144, 155

种群动态　59, 73, 86, 141

转录和翻译　58, 72, 77, 86, 95, 112, 113, 129, 141

自然选择　58, 72, 86, 87, 104, 113, 118, 129, 141

后 记

"中小学理科教材国际比较研究"是全国教育科学"十二五"规划2012年度国家重点课题(课题批准号:AHA120008),涉及数学、物理、化学、生物学、地理、科学六大学科,教育部直属六所师范大学的有关学科教育专家承担了本课题。

课题自2012年2月启动,经过课题组成员一年多的艰苦努力、通力合作、紧张工作,终于完成了预定的全部研究任务,本书是生物学学科的研究成果之一。

本书的主要内容包括课题研究背景和研究方法、高中生物学教材难度比较、各国高中生物学教材难度分析、各国高中生物学教材特点分析及对中国教材改革的建议等。

"中学生物学教材难度国际比较研究"由高中生物学和初中生物学两部分组成。北京师范大学刘恩山教授担任"高中生物学教材难度国际比较研究"项目负责人和生物学科组长,华东师范大学陆建身教授担任"初中生物学教材难度国际比较研究"项目负责人。

参加高中生物学教材难度国际比较研究及报告撰写的人员有北京师范大学的王健、赵萍萍、高慧、石聪颖、江丽静、付忆、杨铭,以及华中师范大学的李娟,在此一并致谢。